Herderbücherei

Band 1129

Über den Autor

Karlfried Graf Dürckheim, geboren 1896 in München. 1914 bis 1918 im Weltkrieg an der Front. Studium der Philosophie und Psychologie in München und Kiel. 1923 Dr. phil, 1925 bis 1932 Assistent am psychologischen Institut der Universität Leipzig. 1930 Habilitation für Philosophie. 1932 Professor für Philosophie an der pädagogischen Akademie und Dozent der Universität Kiel. 1937 bis Kriegsende in Japan. Begegnung mit dem Zenbuddhismus. Seit 1948 im Kreis seiner Mitarbeiter in Todtmoos-Rütte (Schwarzwald) psychotherapeutisch tätig.

Karlfried Graf Dürckheim

Mein Weg zur Mitte

Gespräche mit
Alphonse Goettmann

Herderbücherei

Lizenzausgabe mit Genehmigung
des Otto Wilhelm Barth Verlags,
im Scherz Verlag, Bern und München

Titel des Originals: „Dialogue sur le chemin initiatique".
Übersetzung aus dem Französischen von Bettine Braun.

1. Auflage Juli 1985
2. Auflage November 1986
3. Auflage September 1988

Herder Freiburg · Basel · Wien
Herstellung: Freiburger Graphische Betriebe 1988
ISBN 3-451-08129-6

Inhalt

I.

„Ich habe dich bei deinem Namen gerufen …"

Jesaia 43, 1

ALPHONSE GOETTMANN: Graf Dürckheim, Ihnen zu begegnen, war schon immer ein Ereignis für mich. Wenn ich heute frei und glücklich bin, so haben Sie entscheidend dazu beigetragen. Mein Leben ist durch den wichtigen Anstoß, den Sie mir gegeben haben, ein WEG geworden. Ich möchte Sie fragen, welches die entscheidenden Ereignisse in Ihrem Leben sind, die in Ihnen jene Botschaft erweckt haben, die Sie seit vielen Jahren vermitteln, und die meine Existenz und die so vieler anderer von Grund auf verändert hat?

GRAF DÜRCKHEIM: Nun, das ist eine große Frage! Ich glaube, es begann sehr früh. Bestimmte Eindrücke prägten mich bereits in meiner Kindheit.

Es geht in meine früheste Kindheit zurück. In jener Zeit schon hatte ich Erlebnisse, die von der Qualität erfüllt waren, die man das Numinose nennt. Nach dem berühmten Psychologen C. G. Jung ist die Wirklichkeit, die sich in der Erfahrung dieser numinosen Qualität manifestiert, der Ursprung aller Religionen. Ich glaube, daß dieser Satz der europäischen Psychologie einen neuen Blick auf den Menschen geöffnet hat; er berührt wirklich das Zentrum des menschlichen Geistes, die Quelle seiner möglichen und eingeborenen Entwicklung. Bei der Erweckung dieses Kerns geht es um das Erwachen zur immanenten Transzendenz. In der Mitte meiner Arbeit bis zum heutigen Tag steht das Innewerden dieses Kerns. Das Aufgehen dieser inneren Mitte geschah schon in meiner frühen Kindheit. Das ist eine lange Geschichte! Später gab es viele andere, sehr bedeutsame Augenblicke in meinem Leben, die diese Seite in mir bestärkt haben. Außergewöhnliche Erfahrungen, Sternstunden, in denen ich von jener tiefen Wirklichkeit in einer Weise berührt wurde, die mich verstehen ließ, daß es sich hier nicht um ein Gefühl oder einen Glauben handelte, sondern um eine viel realere Wirklichkeit als jene, die wir gewöhnlich als die einzige Wirklichkeit betrachten.

Wir glauben, daß die einzige Wirklichkeit jene von Raum und Zeit ist, und für Descartes ist wirklich nur das, was sich in ein System vorgefaßter Begriffe einordnen läßt; aber all dies ist nichts als die Hülle von etwas ganz anderem und verbirgt in Wahrheit die tiefere Wirklichkeit. Es ist jene andere Wirklichkeit, die mich tief berührt hat in jeder Phase meines Lebens, von der Kindheit über die Kriegsjahre an der Front und die Begegnung mit dem Tod bis zu jener erschütternden und entscheidenden Erfahrung, die mich das Wesen des Überweltlichen sehen ließ, das in allen Dingen verborgen ist und sich zugleich in ihnen manifestiert ... Es blieb weiterhin so, und schließlich waren es nicht mehr einzelne Erfahrungen, sondern eine Art unaufhörlicher Berührung, ein Zustand, der aber immer wieder aufs Neue verhüllt wurde. Das gibt es nicht, daß man andauernd offen ist; von einem bestimmten Augenblick an spürt man jedoch immer den Ruf, sich der tieferen Wirklichkeit zuzuwenden.

A. G.: Das ist also in gewisser Weise die Atmosphäre, in der sich Ihre Existenz bewegt hat, eine offenbar ungewöhnliche Atmosphäre; und Sie scheinen nicht sehr viel von den uns so vertrauten cartesianischen Kategorien zu halten! Könnten Sie jetzt die wichtigen Ereignisse, die diese Entwicklung möglich machten, ein wenig genauer beschreiben?

G. D.: Als ich die erste Erfahrung hatte, war ich eineinhalb Jahre alt. Sie hat mich so berührt, daß ich sie nie wieder vergessen konnte! Meine Kinderfrau trug mich auf ihren Armen in das Sterbezimmer meiner Großmutter. Dort herrschte eine wundersame Stimmung: die Gegenwart des Todes, die Stille und das Halbdunkel des Zimmers, eigenartiger Wachsgeruch ... Ich fühlte mich zugleich zu dem Bett hingezogen und geängstigt, abgestoßen ... alles war wunderbar und schrecklich zugleich. Ich empfand damals wohl schon die Einheit von Fascinosum und Tremendum, dieser beiden Qualitäten, die die Erfahrung des Numinosen immer ausmachen.

Und dann, etwas später, erinnere ich mich ganz genau an bestimmte sinnliche Erfahrungen, die mich sehr beeindruckt und berührt hatten: der Geruch des Holzes in einem Sommerhäuschen, in dem mein Sandspielzeug lag ... der Duft des von der Sonne erwärmten Holzes, ich rieche ihn noch heute, sobald ich davon spreche ... oder der Geruch des nassen Sandes, in dem man spielte, das Geräusch des Baches, den man auf einer kleinen Brücke überquerte; ich lehnte mich oft über das Geländer, um zu schauen und auf das Geriesel zu horchen ... Da war auch das Knallen der Peitsche, ich hatte eine schöne Peitsche, als ich fünf Jahre alt war; der Ton, den sie machte, weitete mich über meinen Körper hinaus, ich fühlte, wie ich größer wurde. Es war ein sehr starker sinnlicher Eindruck! Ich verstehe Teilhard de Chardin gut, wenn er sagt, daß seine erste Gotteserfahrung ein Stück Eisen war, das er in der Hand hielt. Es war Es, Gott ... Gott in der Qualität des in der Hand gespürten Metalls.

Wenn wir sinnliche Qualitäten ganz unmittelbar erfahren, kann uns das große Mysterium berühren.

Eines der wunderbarsten Geschenke meiner Kindheit, das mich bis heute bewegt und auch die Richtung meiner Arbeit bestimmt, ist die Faszination durch das Geheimnisvolle. In der Kirche des Ortes meiner Kindheit (Steingaden in Oberbayern, nicht weit von der Wieskirche) hatten meine Eltern eine „Loge", von deren Höhe aus man in die Sakristei schauen und aus der Nähe verfolgen konnte, was am Altar geschah. Ich verstand nichts, aber ich fühlte unendlich viel. Ich kniete und schaute ... Ich hörte zu, ohne etwas zu begreifen ... der Weihrauchduft, die Gesänge, die schönen Gesten des Pfarrers in seinen wunderbaren Gewändern, das Klingeln der Glöckchen, das Licht der Kerzen, die betende Gemeinde, Orgelklang und Kirchenchor ... diese Verbindung von Farben, Klängen und Gerüchen tauchte mich in eine geheimnisvolle Atmosphäre, in der ich mich geborgen fühlte. Es geschah etwas sehr Hohes, sehr Tiefes, sehr Großes ...

Es war damals nicht der Inhalt der Liturgie, von dem ich nichts verstand, sondern meine unbewußte Haltung, in der ich alles aufnahm. Man muß gegenwärtig sein in einer Haltung zugleich von Empfangen und Hingabe. Nur dann kann etwas anderes in uns geboren werden und sich entwickeln. Gerade weil die Messe für mich unverständlich, aber voll Geheimnis war, hielt sie mich in ihrem Bann: die Wahrheit im Unfaßbaren.

A. G.: „Unfaßbar", dieses Wort macht, wie so viele andere – „unbeschreiblich, unsichtbar, unsagbar" – das Wesen der orthodoxen Liturgie aus und ruft auf zur Anbetung jenseits alles überflüssigen und unmöglichen Räsonierens. Der wahre Glaube ist eine Bereitschaft des Herzens, zu dem die Mysterien sprechen können, ohne zuvor durch den Kopf gegangen zu sein ... Diese Erfahrung des Geheimnisvollen hat Sie so geprägt, daß Sie davon ganz selbstverständlich in hymnischen und liturgischen Begriffen sprechen. Sie hat Sie immer auf Ihrem Glaubensweg begleitet, Sie halfen so vielen zu verstehen, daß es im Glauben Reife nur durch Erfahrung gibt. In diesem Sinne sind Sie „Novizenmeister" für viele Christen und auch für zahlreiche Mönche, die doch mit diesen Dingen vertraut sind ... Das ist jedoch ein weites Feld, auf das wir noch zurückkommen werden. Nach einer Kindheit, die reich an Erfahrungen war, wurden Sie als Heranwachsender, glaube ich, durch den Ersten Weltkrieg geprägt?

G. D.: Ja! Ich war gerade 18 Jahre als, als ich Soldat wurde. Im Feld erlebte ich die harte Begegnung mit dem Tod, der die Erfahrung des Transzendenten tief in meinem Leben verankert hat. Ich erinnere mich ... Es war an der Front ... der erste Tote, den ich sah, war ein Franzose in roten Hosen am Rand eines Weges. In den weit offenen und starren Augen des Toten grinste mich etwas grauenvoll an, das mich zugleich anzog und in die Flucht schlug, mich bannte und mich ein Stück Weges verfolgte, bis ich schließlich das soeben Gesehene hinter mir lassen konnte und, befreit und glücklich, empfand, daß mich das Leben wiederhatte. Mit einem Mal war das Leben nichts Selbstverständliches mehr, sondern eine übernatürliche Gabe auf dem erschrekkenden Hintergrund des Nicht-Lebens.

So blieb der Tod während des ganzen Krieges mein täglicher Begleiter. Vor allem bei der Schlacht von Verdun unter einem furchtbaren Trommelfeuer und in einer Landschaft von Bombentrichtern, die wie ein chaotischer Friedhof war, wo Teile menschlicher Leiber aus der Erde herausragten ... ich war nie ein Held, ich hatte immer Angst, wenn ich allein war, aber als Offizier hatte ich nie die geringste Schwierigkeit, auch im Feuer meine Pflicht zu tun, wo ich für meine Leute verantwortlich war. Jedesmal, wenn ich aus einer Todeszone kam, stieg in mir eine große Dankbarkeit auf dafür, daß ich lebte und mich lebendig fühlte. Ich war 47 Monate lang an der Front, nicht nur in Frankreich, sondern auch in Serbien, Italien und Rumänien; ich hatte das Glück, nie einen Schuß abgeben zu müssen. Ich habe sogar nie meinen Revolver in der Hand gehabt. Es blieb mir erspart, jemanden töten zu müssen. Ebenso wurde ich nie verletzt, obwohl Kugeln meine Schulter streiften und meinen Mantel durchbohrten ... Ich hatte wirklich einen Schutzengel!

Die Erfahrung des Krieges, immer an der Front, gab dem ganzen Leben einen numinosen Hintergrund. Ich entdeckte auch, daß man gerade angesichts des Todes einen Schritt hin zum wirklichen Leben tun kann. Diese Erfahrung wurde später Teil meiner Lehre: Indem man den Tod akzeptiert, entdeckt und empfängt man das Leben, das jenseits von Leben und Tod ist, das LEBEN ...

A. G.: Als Priester hatte ich Gelegenheit, Hunderte von Sterbenden bis zu ihrer Geburt zum Himmel zu begleiten. Die einen schrien aus Protest oder Angst, andere, die gelernt hatten, zu „sterben“, während sie lebten, nahmen den Tod mit einer souveränen Freiheit an. Ich habe einen Schwerkranken gesehen, der mit seiner Familie zusammen Champagner trank, um dieses Ereignis zu feiern. Das war keine Versöhnung mit dem Tod, der für den Christen immer der Feind bleibt, der vernichtet werden muß, sondern die Enthüllung des wahren Lebens, das Christus selber ist. Es ist der Freudengesang der Osternacht: „Christus ist von den Toten auferstanden. Durch den Tod hat er den Tod besiegt, jenen, die in den Gräbern liegen, hat er das Leben gegeben.“

Ist es erlaubt zu sagen, daß Sie durch das Erlebnis einer so nahen Begegnung mit dem Tod privilegiert waren? Aber sie haben noch eine größere Erfahrung angedeutet.

G. D.: Nach dem Zusammenbruch von 1918 war die Frage, die die suchenden Seelen bewegte, die Frage nach dem neuen Menschen. Ein entscheidendes Erlebnis gab mir den Impuls, in dieser Frage nicht nur eine Aufgabe in dieser Zeit des Wiederaufbaus zu sehen, sondern sie in das Zentrum meines Lebens zu stellen. Was ich damals erlebte, nenne ich meine große Seinserfahrung. Im Alter von 24 Jahren im Atelier des Malers Willi Geiger in München: Meine spätere Ehefrau, Enja von Hattingberg, saß auf dem Tisch, und neben ihr lag ein Buch. Ich sehe es noch vor mir ... sie nahm das Buch in die Hand, öffnete es und las mit lauter Stimme den elften Vers des Tao-te-king von Laotse:

Dreißig Speichen treffen die Nabe,
aber das Leere in ihnen erwirkt das Wesen des Rades;
aus Ton entstehen Töpfe,
aber das Leere in ihnen wirkt das Wesen des Topfes.

Und plötzlich geschah es! Während ich zuhörte, durchfuhr mich ein Blitz. Der Vorhang zerriß. Ich war erwacht! Ich hatte das „Es" erfahren. Alles war und war nicht, die Welt und durch sie hindurch der Einbruch einer anderen Wirklichkeit. Ich selbst war und war nicht. Ich war ergriffen, verzaubert, anderswo und doch ganz gegenwärtig, glücklich und wie ohne alles Gefühl, sehr fern und zugleich tief in den Dingen drin. Die Wirklichkeit, die mich umgab, bestand plötzlich aus zwei Polen: der eine, der unmittelbar sichtbar war, und der andere, unsichtbar, der doch das Wesen dessen war, was ich sah. Ich sah wirklich das Sein. Man könnte mit Heidegger sagen: *Das Sein des Seienden.* Es bewegte mich so tief, daß ich den Eindruck hatte, nicht mehr ganz ich selbst zu sein. Ich fühlte, daß ich von etwas Außerordentlichem ergriffen war, das mich mit Glück erfüllte und mich zugleich in tiefes Schweigen versenkte.

Fast vierundzwanzig Stunden blieb ich in diesem Zustand. Am gleichen Abend waren wir bei Freunden eingeladen, um einen Pianisten spielen zu hören. Ich hockte in einer Ecke des Zimmers, immer noch unter dem gleichen Bann. Und ich glaube, daß er mich auch später nie mehr ganz verlassen hat. Ich hatte noch überhaupt nicht verstanden, um was es sich handelte. Aber von diesem Augenblick an gab es immer etwas Anderes in meinem Leben, das mich umgab, mich erfüllte und mich vorantrieb. Ich wurde unaufhörlich von einer Art unerklärlicher Sehnsucht und einem Versprechen begleitet. Und so ist es heute noch. Aber damals habe ich noch nicht verstanden, daß es sich um einen Ruf und um die Geburt eines neuen Bewußtseins handelte. Diese Dinge habe ich erst viel später entdeckt, aber ich wurde in diese Richtung getrieben, getragen. Es gab mir auch einen gewissen Lebensmut und eine gewisse Unschuld in der Begegnung mit den Dingen und mit anderen Menschen. Plötzlich war da eine andere, überweltliche Wirklichkeit, die mich von diesem Augenblick an auch in der Welt umgab.

A. G.: Sie betrachten dieses unerhörte Ereignis in Ihrem Leben als das Entscheidende?

G. D.: Ganz und gar. Für meine geistige Entwicklung war das sicherlich der Wendepunkt, dessen Bedeutung mir erst viel später bewußt wurde. Damals bildeten wir mit meiner zukünftigen Frau und einem befreundeten Ehepaar, was wir das „Quadrat" nannten. Es war in den zwanziger Jahren, und wir begannen damals schon eine gewisse Praxis zu üben: tägliche Gewissensprüfung, Übungen der Stille und des meditativen Sitzens, mein erstes „Zazen"!

A. G.: Zeugnisse für diese Erfahrung, die Sie so entscheidend geprägt hat, findet man in allen Epochen der Menschheitsgeschichte. Es ist der Augenblick, in dem der Mensch sich als göttlichen Funken spürt ... Nach einer solchen Erschütterung folgt eine erste Zeit, in der man nicht schweigen und in Anbetung verharren kann. Und dann steigt in uns das Verlangen auf, zu wissen, jene kennenzulernen, die durch die Zeitalter hindurch an derselben Quelle getrunken haben und vom selben Feuer erleuchtet wurden. Können Sie uns sagen, was Ihr Feuer genährt hat?

G. D.: Der Zustand der Seinsnähe, der mich von da an nicht mehr losließ, veranlaßte mich, in allem, was mir begegnete, etwas Bestimmtes zu suchen. So war es nicht verwunderlich, daß es Meister Eckehart war, der mich im Innersten traf. Ich konnte mich nicht mehr von seinen *Predigten und Traktaten* losreißen, die ich aufnahm wie einen vielfältigen Widerhall der göttlichen Musik, ich vernommen hatte. Ich erkannte in Eckehart meinen Meister, den Meister. Ich verdanke die Bekanntschaft mit ihm meinem Freund Ferdinand Weinhandl, einem Mitglied des „Quadrats"; das war in München um das Jahr 1920. Ich bin im wissenschaftlichen Sinn kein Fachmann für Eckehart und auch kein Theologe. Man kann sich „meinem" Meister nur nähern, wenn man das Denken in Begriffen ausschaltet. Welch ein

Hauch geht von allem aus, was er sagt! Diese unglaubliche Einfachheit, mit der er von Gott spricht, die Beispiele, die er gibt, die Probleme, die er aufwirft ... Es liegt eine eigenartige Atmosphäre des Essentiellen, des Wirklichen im Schweigen des Überweltlichen in seinen Gedanken, hörbar nur für jene, die Ohren haben, zu hören ... Sie wissen, daß Eckehart verfolgt wurde, daß er als Häretiker verdammt wurde, und er wird auch heute nicht voll verstanden und anerkannt.

Ein katholischer Theologe hat eine Rezension über mein letztes Buch *Meditieren – wozu und wie* geschrieben. Er hat sich aufrichtig bemüht, aber dann greift er mich an, indem er erklärt, warum dieses Buch für Christen abzulehnen sei, und daß eine tiefe Kluft zwischen der von der Kirche vertretenen Glaubenslehre und meiner religiösen Grundanschauung bestünde. Ich habe in einem eigenen Aufsatz versucht, ihm zu zeigen, daß ich nicht verstanden würde, und daß ich mich ein wenig in der Situation Meister Eckeharts fühlte, für den in der *Lehre* der Kirche kein Platz für seine Gottes-*Erfahrung* war.

Wenn man vom christlichen Glauben spricht, muß man unterscheiden zwischen dem Glauben an eine Lehre und dem Glauben aus einer Erfahrung. Dann aber befindet man sich in einer Wirklichkeit, die mit den Kategorien des natürlichen Bewußtseins (Raum, Zeit, Identität, Kausalität) nicht mehr interpretiert werden kann. Mit den Erfahrungen Meister Eckeharts befinde ich mich auf einer anderen Ebene, aber auf ganz sicherem Grund, in einer unerschütterlichen Realität, Quelle der tiefsten Berufung, die wahrhaft das Zentrum des menschlichen Seins bildet. Aber das erfordert die „Armut des Geistes", das heißt das Schweigen unseres natürlichen, insbesondere auch unseres rationalen Bewußtseins.

A. G.: Ich finde es hochinteressant, wie sehr Sie gerade durch Meister Eckehart, Ihre wichtigste Quelle, in der großen Strömung der frühen orthodoxen Tradition stehen. Denn Eckehart hat seine Wurzeln, übrigens als einziger im Mittelalter, vielleicht noch mit Tauler und Ruysbroek, in der Theologie Dionysius' des Areopagiten, der für die ganze christliche Mystik wegweisend werden sollte. Eckehart ist in der Seele dionysisch. Nun hat diese Theologie auf eine überraschende Weise die gleiche Art, das Göttliche zu schauen, wie Sie. Dionysius der Areopagite, ein direkter Jünger der Apostel, fordert zu einer Vereinigung mit Gott auf – im Verzicht auf jedes rationale Denken, auf jedes vernünftige oder intelligible Objekt, auf alles, was ist, wie auf alles, was nicht ist. Denn Gott übersteigt jedes Sein und jede Wissenschaft, er ist von Natur aus unergründlich und „dank dieser Unergründlichkeit", wie er sagt, „kann man sich mit Ihm nur jenseits jeder Vernunft vereinen".

Die meisten Kirchenväter haben diese Sicht, Origenes vielleicht ausgenommen. Alle übrigen großen Kirchenväter geben diese Wegrichtung an. Für Gregor von Nyssa war jeder gedankliche Begriff von Gott ein Trugbild, ein Idol. Er sagt, es gebe nur einen Ausdruck für die göttliche Natur: das Staunen, das die Seele ergreift, wenn sie sich mit Gott vereint. Es geht also um eine Erfahrung. Man könnte noch viele andere nennen, wie Clemens von Alexandria, Basilius, Gregor von Nazianz, Irenäus, Maximus Confessor und, bis ins 14. Jh., Gregorius Palamos, die uns aus der heutigen theologischen Wortmacherei herausführen und uns zum Mysterium führen könnten, in dem nur Schweigen und Anbetung ist. Für sie gibt es keine Theologie außerhalb der Erfahrung; der wahre Theologe ist jener, der bereit ist, sich zu verändern, durch eine radikale Verwandlung ein neuer Mensch zu werden, was Sie die Deifikation nennen. Und dieser Theologe lädt jeden Christen dazu ein, das gleiche zu tun ...

Aber kehren wir zu Meister Eckehart zurück. War er damals Ihre einzige große Begegnung?

G. D.: Die stärkste, ja. Aber es gab damals schon die Begegnung mit dem Buddhismus durch ein Buch von Grimm, das mich sehr beeindruckte. Dann las ich voller Begeisterung Nietzsche: seinen Zarathustra; das Loblied auf das göttliche Sein. Da waren auch R. M. Rilke, ein Freund meiner Frau, und Else Lasker-Schüler, die berühmte jüdische Dichterin, Elisabeth Schmidt-Pauly, ebenfalls eine Dichterin, der große Theologe Guardini, der Maler Willi Geiger und alle jene, bei denen ich dieselbe Melodie in unterschiedlichen Akkorden wiederfand. Und es stieg damals schon die Frage in mir auf: War die große Erfahrung, die Eckehart, Laotse, Buddha erfüllt hatte, nicht im Grunde die gleiche?

A. G.: Wie vertrugen sich dieser Weg des inneren Bewußtseins und die Verwurzelung in der Erfahrung eines Überweltlichen mit dem System der Universität, die Sie damals besuchten und die den Menschen als Intelligenzquotienten betrachtete, ganz im Gegensatz zu Ihrer Überzeugung und Ihrem Suchen?

G. D.: Nach den Jahren meines Philosophiestudiums in München ging ich mit meinen Freunden vom „Quadrat“ nach Kiel, wo ich die notwendigen intellektuellen Instrumente für meine zukünftige Arbeit entwickeln sollte. Wir lebten in einer Gemeinschaft und besuchten gemeinsam die Vorlesungen an der Universität. Ich wechselte damals von der Philosophie zur Psychologie über, um die psychologischen Grundlagen der Wert-Philosophie kennenzulernen. Aber welche Enttäuschung! Die Psychologie hatte wenig zu tun mit der Reifung oder mit einem neuen Bild des Menschen. Ich fragte mich, wie das, was mit der Person und dem Qualitativen zu tun hat, durch Quantitatives ausgedrückt werden könne, und meine Aversion gegen Zahlen und Apparate im Rahmen der psychologischen Forschung hat mich nie verlassen. Natürlich kann man in der Psychologie wie in der Medizin den Menschen als Objekt und mit quantitativen Methoden zu erfassen suchen. Aber was konnte man damit als Student für die Erkenntnis über den Menschen gewinnen? Der Mensch im vollen Sinne des Wortes war damals und ist auch heute noch nicht eigentlich wahrgenommen in der Ausbildung des Mediziners, des Theologen, und – heute – oft auch des Psychologen. Nicht ohne Befürchtung sehe ich heutzutage die Universitäts-Psychologie sich in der Richtung der Naturwissenschaften entwickeln. Die Tiefenpsychologie muß auch heute noch an der Universität um ihr Existenzrecht kämpfen. Ganz zu schweigen von einer initiatischen Lehre vom Menschen.

Nachdem ich 1923 den Doktortitel erhalten und mich mit Frau Enja von Hattingberg verheiratet hatte, blieb ich noch zwei Semester als Assistent am psychologischen Institut der Kieler Universität, bis diese Tätigkeit mir zu eng wurde. Ich entschied mich nun statt für eine Fortbildung an einer anderen Universität für einen längeren Aufenthalt in Italien. Ich traf diese Entscheidung einen Tag nachdem ich in Marburg die damaligen Größen der Philosophie, einen nach dem anderen, gehört hatte: Heidegger, Hartmann, Heiler, Rudolf Otto und Natorp. Das Ergebnis:

Ich sagte der Universität ade und machte mich auf den Weg in die Freiheit!

Ich widmete einen Teil meines Aufenthaltes in Italien dem Besuch der Museen, der Kunst, dem Malen und Zeichnen. Aber diese Zeit war vor allem durch die Arbeit an einer Philosophie der Einheit geprägt. Ich schrieb Hunderte von Seiten zu diesem Thema nieder. Das war die Weise, in der damals das Sein sich in meinem begrifflichen Denken widerspiegelte. Erst später nahm ich die Einheit des Seins in seinen drei Aspekten wahr: Fülle, Gesetz und Einheit. Das Interesse am Problem der Einheit bewog meinen früheren Lehrmeister, Felix Krueger, mich 1925 zum Assistenten ans psychologische Institut der Universität Leipzig zu berufen. Krueger war der Begründer der Ganzheitspsychologie, die den Menschen als eine Einheit und nicht als eine Summe von Fähigkeiten betrachtet.

Als ich das Institut das erste Mal betrat, sah ich voller Bestürzung viele Apparate, die der experimentellen Arbeit dienten. Aber es gelang mir, meine Teilnahme an experimentellen Forschungen auf ein Mindestmaß zu beschränken und der nicht-experimentellen Sektion der Entwicklungs-, Kinder- und personalen Denkpsychologie vorzustehen. Die innere Verbindung mit meiner geheimen Entdeckung verließ mich nie, und ich versuchte, in meinen Seminaren und Vorlesungen weniger Wissen zu vermitteln als vielmehr die Hörer für die Tiefendimension des menschlichen Seins aufzuschließen. Nach meiner Habilitation hatte ich die Gelegenheit, als erster Dozent an einer deutschen Universität Vorlesungen über die neu aufkommende Tiefenpsychologie, Freud, Adler, Jung, wie auch Klages und Spranger zu halten.

A. G.: Sie sprachen von C. G. Jung. Er war damals eine der großen Gestalten in der Psychologie. Sind Sie ihm begegnet?

G. D.: Seine Abwesenheit bei einem internationalen Kongreß für Psychotherapie im Jahre 1954 in Zürich, bei dem ich den Schlußvortrag halten mußte, veranlaßte mich, ihm einen persönlichen Besuch zu machen. Wie viele andere war ich empört, daß man ihn nicht eingeladen hatte. Die Begegnung mit ihm hat mir einen tiefen Eindruck gemacht ... Ich sehe ich noch auf mich zukommen, die Pfeife im Mund, es war, als nähere sich mir ein

Berg. Als wir in seiner Stube saßen, fragte er mich nach meinem Anliegen. Ich antwortete ihm: „Herr Jung, ich habe in Japan gelernt, daß man das Recht hat, wenn man vor dem Meister steht, ihm eine Frage zu stellen." Und er antwortete mir in seiner schweizerischen Mundart:

„Nun, was wollen Sie wissen?"

„Können Sie mir sagen, was ein Archetyp ist?"

Er lachte, denn er hatte diesen Ausdruck in die Psychologie eingeführt. Aber da er ein halbes Dutzend oder mehr Definitionen gegeben hatte, war ich neugierig, zu hören, welche er mir geben würde ... Da antwortete er mir:

„Pattern of behaviour" (vorgegebene Muster des Verhaltens).

Während der letzten 20 Jahre hat mich das Werk C. G. Jungs und das seines größten Schülers, Erich Neumann, sehr bereichert. Ihre Theorie des „Selbst" entspricht meinem Begriff des Wesens. Jung spricht aber auch vom wahren Selbst als der Integration des Selbst (Wesen) mit dem Welt-Ich. Diese Integration meint Person, das heißt, der in seinem Welt-Ich für sein Wesen durchlässig gewordene (persona) Mensch. Die Lehre von der Integration von Wesen und Welt-Ich in der Psychologie von C. G. Jung bildet heute noch die theoretische Grundlage der Lehre vom initiatischen Weg, wie sie seit Jahrzehnten in unserem Zentrum im Schwarzwald gelehrt wird.

A. G.: Und sind Sie mit Heidegger, der in Ihrem Nachbardorf wohnte, in Verbindung getreten?

G. D.: Ja, in den Jahren 1949–1950, als ich aus Japan zurückkam. Ich hatte ihm mein kleines Buch über Japan und die Kultur der Stille geschickt. Dieses Buch regte ihn dazu an, sich mit der japanischen Philosophie zu beschäftigen; vordem aber antwortete er mir sehr freundlich, daß man, um sich mit der Philosophie eines fremden Volkes befassen zu können, die Sprache des Landes kennen müsse ...

Zwanzig Jahre später begegnete ich Heidegger wieder anläßlich eines Besuches von Suzuki, dem Propheten des Zen, der damals 80 Jahre alt war und Heidegger gerne sehen wollte. Es war eine Begegnung des Mannes der Worte mit dem, der als Zen-Meister überzeugt ist, daß man, sobald man den Mund öffnet, schon eine Lüge ausspricht! Denn nur im Schweigen liegt die

Wahrheit ... Aber diese Begegnung verlief in einer sehr freundlichen Atmosphäre, wie sie dem Zusammenkommen zweier großer Männer angemessen war.

Das sind ein paar Anekdoten zu Heidegger, aber er hat keinen Einfluß auf mein Werk ausgeübt.

A. G.: Jedenfalls wiegen diese Begegnungen nicht so schwer wie das christliche Universum, das Meister Eckehart Ihnen eröffnet hat. Spricht man davon, so ist es unmöglich, die Frage nach der Quelle des Christentums, der Bibel, nicht zu stellen. Wir saugen ihre Lehre schon mit der Muttermilch ein. Leider haben schlechte Katechismen sie unserem Verstand zugänglich zu machen versucht! Natürlich ermöglichte das Denken Wissenschaft und Technik. Aber für die „Weisen" hat die Bibel in die Geschichte die geheime Dynamik gebracht, die sie seit Jahrtausenden belebt: die der Person und der Freiheit. Dadurch wirkt sie immer noch. Es fehlen uns jedoch die Schlüssel zu ihrer Lektüre. Alle Schulen der Exegese und Hermeneutik, die „materialistischen" und „strukturalistischen" Lesarten unserer Tage, sind wissenschaftliche und abstrakte Entzifferung; die Bibel bleibt dabei ein versiegeltes Buch und ihre Weisheit stumm ... Die einzigen Kriterien, die sie dem spirituellen Sinn öffnen, sind die der Sehenden und nicht die der Blinden: die Erfahrung der Transparenz und die Erleuchtung des Geistes. In diesem Sinn ist Ihr Werk zutiefst bibelnah und wiederholt die Einladung Jesu: „Kommt und seht!", der Weg der Erfahrung und nicht nur des Wissens.

G. D.: Ja, deshalb fesselt mich vor allem auch der Evangelist Johannes. Ich lese ihn wieder und wieder. In ihm öffnet sich mir das Verständnis für die Religion. Während des Krieges hatte ich das Neue Testament immer bei mir und las es in Augenblicken der Angst. So auch in meinem späteren Leben. In schweren Augenblicken wiederholte ich immer wieder wie ein Mantra einzelne Sätze aus den Evangelien oder den Psalmen. Vom Alten Testament weiß ich wenig. Was mich immer interessiert hat, ist die Erfahrung jener, die es schrieben, der Propheten. Die Gottesvorstellung der Juden entspricht der Seele des jüdischen Volkes, so wie die Götterbilder aller Völker die Seele des betreffenden Volkes widerspiegeln. Ursprünglich sind alle Gottesbilder der Welt bildlose Erfahrungen, außerordentlich und erschütternd, die Angst machen und mit Freude erfüllen, die aus einer Notlage befreien und zugleich mit einem neuen Gewissen beladen. Man ist plötzlich in einer ganz anderen Dimension. Solche Erfahrungen, auf den Bildschirmen des Ichs geworfen, nehmen unwillkürlich gegenständliche Gestalt an, die vom begrifflichen Denken in Etwas oder Jemand verwandelt, d. h. vermenschlicht und als Ursache der numinosen Erfahrung zugrunde gelegt wird. Das ist ein sehr natürlicher Vorgang, der aber die Ordnung der Dinge verkehrt.

G. D.: Von dieser Vermenschlichung ist es nur ein Schritt zur Ideologie, zum Katechismus, zu Sekten und Religionen. Im Laufe der Geschichte hat man ihn immer wieder gemacht …

G. D.: In der Trennung der Lehre von der Erfahrung zeigt sich eigentlich ein menschlicher Hochmut. Man muß immer in der Erfahrung verwurzelt bleiben. In diesem Sinn ist das Evangelium Johannis für mich die Bibel. Der heilige Johannes ist das Vorbild des Menschen, der dazu berufen ist, die Erfahrung Christi, der in uns lebt, zu vermitteln, sich also dem Christuswort aufzuschließen: „Aber ich sage euch die Wahrheit: Es ist euch gut, daß ich hingehe. Denn so ich nicht hingehe, so kommt der Tröster nicht zu euch …" Heute würde Christus vielleicht sagen: „Projiziert nicht alles auf mich. Seht in euch selbst hinein. Dort werdet ihr den Geist der Wahrheit finden, der euch lehren wird, was ich euch noch nicht geben kann …" Hier gewinnt auch das Gleichnis vom Weinstock und den Reben – Christus der Weinstock, wir die Reben – seinen tiefen Sinn, wenn Christus sagt: „Bleibt in mir, wie ich in euch …" Dann dringt man in die tiefere Wirklichkeit ein, auf die Jesus hinweist, wenn er sagt: „Ehe Abraham ward, bin ich." Das „Ich Bin" ist kein Mißverständnis, sondern jene Wirklichkeit jenseits von Raum und Zeit, die kein christliches Privileg ist; es ist die gleiche Wirklichkeit, von der der Zen-Meister spricht, wenn er Sie fragt, welches Gesicht Sie hatten, bevor Ihre Eltern geboren waren. Er fragt Sie nicht nach Ihrer früheren Inkarnation, sondern er spricht von der Wirklichkeit, die jenseits von Raum und Zeit ist.

A. G.: Im Grunde scheint Gott in allen Menschen durch alle Zeiten hindurch immer in der gleichen Sprache zu sprechen, der Sprache des Pfingstfeuers. In den verschiedenen Traditionen wird sie unterschiedlich aufgenommen und interpretiert. Leider glauben die Christen oft, ein Monopol auf sie zu haben, und denken nicht daran, daß es derselbe Gott ist, der „alles in allen" ist, wie Paulus sagt. Sahen die ersten Christen nicht zu ihrem großen Erstaunen den Heiligen Geist auch über die Heiden kommen? Umgekehrt erleben wir heute, wie unsere Tradition über Bord geworfen wird. Man sieht westliche Menschen, die „mit der Zeit gehen", sich in ein gelbes Gewand hüllen, den Schädel rasieren, die Großen ihrer eigenen Vergangenheit gering schätzen und zu Füßen eines Guru auf die „Erleuchtung" warten ... Besteht zwischen diesen Extremen keine Beziehung? Die Kirchenväter sahen in jeder Wahrheit, wo sie auch erschien, eine Manifestation des ewigen Logos. Natürlich muß diese Manifestation sich unserer Kultur einfügen. Jung, der ein Verehrer des Zen und des Yoga war, betonte, daß ihre östliche Form nicht für uns geeignet sei. Seine tiefe Intuition sagte ihm, daß der Westen sein eigenes Yoga haben würde, auf den Fundamenten des Christentums. In diesem Sinn sind Sie ein Pionier in der westlichen Welt. Sie haben unter dem Zeichen der Erfahrung des Meisters Eckehart und seiner Tradition gelebt und waren dann bereit, in der großen östlichen Tradition eine Weisheit zu erkennen, die in gewissen Punkten der christlichen Mystik nahe ist. Darf ich Sie fragen, welchen Einfluß Indien auf Ihre Arbeit hatte?

G. D.: Indien hatte keinen Einfluß auf meine Entwicklung. Ich kam erst 1974 dorthin, auf die Einladung des Gesundheitsministers, begleitet von meinem Freund Dhingra. Was mich sehr erstaunte, war, daß ich unter den Ärmsten der Armen nie ein trauriges Gesicht sah. Die Art, wie diese Menschen die Armut, das Leiden und den Tod leben, ohne zu klagen, muß uns Europäer nachdenklich stimmen. Es berührt uns auch seltsam, wenn wir hören: „Wenn es unser *Karma* ist, im Elend zu leben, darf man nicht zuviel tun, um sich daraus zu befreien, denn nur, wenn wir unser Übel annehmen, werden wir die Möglichkeit haben, auf einer anderen Ebene wiedergeboren zu werden." Das ist eine religiöse Haltung, die für einen westlichen Menschen schwer verständlich ist.

A. G.: So wenig man diese Situation akzeptieren kann, so sehr bewundere ich, welche Stufe geistiger Entwicklung einige ihrer großen Heiligen erreicht haben ...

G. D.: Ja! Ich bin Menschen begegnet, die mir ganz außergewöhnliche Erfahrungen ermöglicht haben. Ich denke in erster Linie an Ma Ananda May. Ich hatte das Glück, ihr allein in ihrem Gemach, das sich selten einem Fremden öffnete, begegnen zu können. Wie es Brauch war, wollte man zuvor von mir wissen, welche Frage ich ihr stellen wollte. „Keine. Ich möchte nur ein wenig in ihrer Nähe meditieren." Und so geschah es. Ma saß mir gegenüber, ein wenig erhöht, und eine unsagbare Liebe strömte von ihr aus, vor allem, als sie mir die Hände auf den Kopf legte. Ich spürte eine intensive, ungewöhnliche Wärme, aber nichts Wunderbares. Es war außerordentlich schön und bewegend. Sie hinterließ mir einen tiefen Eindruck eines Wohnens im göttlichen Sein. Zu meiner Überraschung sagte Ma Ananda May dann, daß diesmal sie es war, die ein *Darshan* (ein geistiges Geschenk) empfangen habe, und sie erläuterte diese Aussage damit, daß sie den Eindruck hätte, daß in unserer Begegnung etwas von Christus zu ihr gekommen sei ... Ich hatte nicht daran gedacht, aber sie hatte mit ihrer Wahrnehmungsfähigkeit in ihrer Erfahrung einen anderen als Krishna gespürt ... Als ich mich von ihr trennte, sagte Ma mir noch diese Worte: „Vergessen Sie nicht, der Tropfen kann wissen, daß er im Meer ist, aber selten weiß er, daß das ganze Meer in ihm ist." Ein Gedanke von unauslotbarer Tiefe ...

Ich hatte auch eine Begegnung mit einem Weisen von 106 Jahren, der in einer Höhle an den Ufern das Ganges wohnte, in Rikishesh, wo auch der Ashram des Swami Shivananda ist, der vor einigen Jahren gestorben war. Aber der alte Weise war nicht da. Ich fand nur eine Kuh und seine Frau vor, denn er war an diesem Tag nach Delhi gegangen. Ich wollte ihn unbedingt sehen, und Delhi ist eine sehr große Stadt ... Mit Hilfe eines sehr guten Freundes fand ich ihn schließlich. Er eröffnete gerade eine Versammlung mit etwa 30 Personen, die dicht gedrängt nebeneinander in einem kleinen Raum saßen. Mit mächtiger Stimme sang er, und die anderen antworteten ihm: „Krishna rette mich, nimm mir meine Eitelkeit!“ Am Schluß sah er, daß ein Europäer da war und fragte mich, ob ich einen besonderen Wunsch habe.

„Ja“, sagte ich, „ich möchte mich dem Meister gegenübersetzen, um Aug' in Auge mit ihm zu meditieren.“

Freundlich erklärte er sich bereit dazu und sah mich mit seinen wunderbaren blauen Augen an, das Gesicht erfüllt von Kraft ... Es ist eine sehr tiefe Erfahrung, einen wahren Meister vor sich zu haben und seinem Blick standzuhalten. Ich habe in dieser Viertelstunde sehr viel empfangen.

Auch eine dritte Begegnung beeindruckte mich tief. Es war ein Australier, der auf einem Hügel neben dem Ashram Shivanandas meditierte. Man sah ihn von ferne. Er war groß, ganz nackt und umgeben von einer unglaublichen Ausstrahlung. Er hatte ein Gedicht geschrieben, das von seinem Zustand erzählte; mein Freund Dhingra übersetzte es mir: „Er war ein Künstler, und Gott hatte ihm die Hände genommen. Er war ein Sänger, und Gott hatte ihm die Stimme genommen; er hatte nur noch seine Füße, und er sprach mit seinen Füßen.“ Ja, dieser Mann war wie eine Sonne! Er lud uns ein, ihn am nächsten Tag in seiner kleinen Souterrain-Behausung zu besuchen, mit einigen anderen australischen Jüngern. Wir sangen zusammen, dicht aneinander gedrängt ... Als wir uns trennten, sah er, der stumm geworden war, mich an. Ich wurde durchleuchtet von einem Lichtstrahl, der in diesem Augenblick in seinen Augen aufblitzte: das strahlende Licht der Liebe ...

Vor meiner Abreise von Indien begegnete ich noch Mukdananda, dem Meister des Kundalini-Yoga, in seinem Ashram in Ganeshburi. Das sind die vier großen Heiligen, denen ich in Indien begegnet bin. Lebende Zeugen, erfüllt von göttlichem Wesen, von denen jener Hauch ausging, der die Gegenwart des Seins enthüllt.

A. G.: Wenn ich Ihnen zuhöre, habe ich das faszinierende Gefühl, an etwas Unfaßbarem teilzunehmen, das jetzt zwischen uns gegenwärtig ist. Man hat keine Worte, ein Gefühl des Schwindels ... Aber der Augenblick ist gekommen, Sie zu fragen, wann und wie das Zen in Ihr Leben trat.

G. D.: In Japan! Als ich im Jahre 1937 mit einem besonderen Auftrag dorthin geschickt wurde, den ich mir selbst erwählt hatte: den geistigen Hintergrund der japanischen Erziehung zu studieren.

In den ersten Tagen meines Aufenthaltes besuchte mich ein alter Herr. Ich kannte ihn nicht. „Suzuki", stellte er sich vor. Es war der berühmte Daisetz Suzuki, der kam, um einen gewissen Grafen Dürckheim zu sehen, der aus Deutschland angereist war, um gewisse Studien zu treiben ... Suzuki ist der größte Zen-Gelehrte der Gegenwart und war der große Prophet des Zen-Buddhismus für den Westen. Ich fragte ihn nach den verschiedenen Stufen des Zen. Er nannte die beiden ersten, und ich zählte sogleich die drei folgenden auf. Da rief er aus: „Woher wissen Sie das?"

„Wenn ich der Logik von Meister Eckehart folge, kann es nicht anders sein."

„Dann muß ich ihn wieder lesen ..." (Er kannte ihn jedoch schon gut).

Meine zweite, sehr wichtige Begegnung war mein Meister im Bogenschießen.

Eines Tages machte mich ein Freund mit ihm bekannt. Ich stand einem Mann mit schwarzen, großen Augen und einem kleinen Bart gegenüber, der auf dem Boden saß und mich nach meinen Eindrücken über die ersten Monate in Japan befragte. Sehr bald unterbrach er mich und meinte, das sei zwar alles ganz schön, aber etwas oberflächlich.

„Es ist mir bewußt, aber was soll ich tun, um mehr in die Tiefe zu gehen?"

Er antwortete: „An einem Punkt in die Tiefe gehen!"

Ich fragte: „Was zum Beispiel?"

„Zum Beispiel Bogenschießen."

„Ich habe nur wenig Zeit, einen sehr kleinen Garten und keinen Meister."

„Sie brauchen eine Stunde pro Tag, drei Meter Platz, und ich werde Ihr Meister sein."

Zwei Tage später begannen wir. Damals habe ich Zen als Übung bzw. Exerzitium begriffen. Sie wissen, daß der Schüler im Bogenschießen drei Jahre lang auf ein Strohbündel von einem Meter Durchmesser aus einer Entfernung von drei Metern zielt. Natürlich handelt es sich um eine innere Übung, die nichts mehr damit zu tun hat, daß man äußerlich eine Zielscheibe trifft.

Und dann begegnete ich einem Freund, der mich das Sitzen im Sinne des Zazen lehrte. So entdeckte ich den Zen.

Von Zeit zu Zeit sah ich Suzuki wieder; später besuchte er mich in Todtmoos.

Er war 1954 hier; ich hatte gerade ein Telegramm der Evangelischen Akademie in München erhalten, in dem man mich um einen Vortrag über die östliche Weisheit bat. Da er gerade bei mir war, fragte ich ihn: „Meister, könnten Sie mir in zwei Worten sagen, was östliche Weisheit ist?"

Er lächelte und sagte: „Das westliche Wissen schaut nach außen, die östliche Weisheit schaut nach innen."

Ich sagte mir: „Das ist nicht gerade eine großartige Antwort ..."

Aber er fuhr fort: „Wenn man jedoch nach innen schaut, als schaute man nach außen, so macht man aus dem Innen ein Außen ..."

Das war nun ein außerordentlicher Satz. Diese Antwort enthüllt das Drama der westlichen Psychologie, die ins Innere schaut, als schaute sie nach außen und aus dem Innen ein Außen macht, d. h. ein Objekt, einen Gegenstand ... und das Leben ist fort ... Ich verstand, daß mit der östlichen Weise zu schauen die Wahrheit des Lebendigen gewahrt wird. Wo aber das Lebendige zum Objekt wird, entsteht ein Begriff. Ich dachte bei mir weiter, man sollte eigentlich lernen, nach außen zu schauen, wie man nach innen schauen sollte, und so das Innen im Außen entdekken. Diese Entdeckung hat mir in meinem Leben und in meiner Arbeit viel gegeben. Sie meint dasselbe wie der Satz von Novalis: „Alles Sichtbare ist ein in einen Geheimniszustand erhobenes Unsichtbares ..."

A. G.: So gelangten Sie zu der Überzeugung, daß der westliche Mensch hinkt, weil er einen ganzen Teil seines Selbst vergessen hat. Indem Sie im Westen Zazen vorschlagen, das Sitzen als besondere Übung des Zen, beweisen Sie nicht Ihre Vorliebe für das Orientalische, sondern enthüllen eine universelle Weisheit, eine Möglichkeit zur grundlegenden Verwandlung und Freiheit. Sie ermöglichen eine Erfahrung, die Menschen aus allen Ländern und zu allen Zeiten zugänglich ist. Nur ein Mensch, der in sich eins ist, kann sich seiner Teilhabe am Göttlichen ganz bewußt werden. Und jeder hat die Freiheit, diese Transzendenz nach seinem religiösen Gewissen und seiner eigenen Erfahrung zu benennen. Im Zen ist es die „Buddhanatur“, im Hinduismus „Atman“, im Christentum „die göttliche Dreieinigkeit“, die durch Christus im Geist offenbart wird …

G. D.: Dem westlichen Menschen fehlt, um die Erfahrung dieser letzten Wirklichkeit zu machen, eine Übung wie Zazen. Die wichtigste Weise, in der man Zen in der Übung lebt, eröffnet einen Weg in der Wüste der heutigen Abstraktion, auf dem es ihm möglich ist, seiner wahren Reife entgegenzugehen. Mich interessierte am Zazen, daß man ohne Theorie oder Einführung unmittelbar in die Übung eintritt. Sie bietet jedem die Möglichkeit, richtig zu sitzen und, im „Hara“ – dem Schwerpunkt, der Mitte – verankert, in eine Haltung zu kommen, die allmählich das Tor zu der angestrebten Erfahrung öffnet. Dies ist jedoch nur unter einer Bedingung erreichbar: der Leere.

Ich betone die Bedeutung der Leere, die im Westen so oft mißverstanden wird. Es handelt sich ganz und gar nicht darum, sich ins Nichts zu werfen, sondern sich von jedem Begriff, jedem Bild freizumachen. Wie die Jungfrau ledig sein mußte aller Dinge, um den Geist des Herrn zu empfangen, so müssen auch wir ledig sein vom Vielen der Welt, damit das Tor zur Fülle des Seins sich öffnet. Zazen ist eine Übung der Öffnung zur Erfahrung des Seins.

A. G.: Eine Offenheit, gleichsam ein Zustand der Jungfräulichkeit, aus dem heraus die Seligpreisungen wirklich werden: „Selig sind, die da geistlich arm sind, denn das Himmelreich ist ihrer … selig sind, die reinen Herzens sind, denn sie werden Gott schauen.“ Oder die Aufforderung, alles zu verlassen, die immer wieder in der Bibel erklingt, von Abraham bis zum reichen Jüngling: „Geh’ hin und verkaufe alles, was du hast …“ ganz und gar „nichts“ sein, das ist alles sein. Die vollkommene Armut wird nur gefunden, wenn die vollkommene Leere vollkommene Fülle ist. Dies ist auch die „paradiesische Unschuld“, nach der die Heiligen der Wüste strebten und zu deren Anwalt sich der Staretz Zozima in den „Brüdern Karamasow“ machte …

Aber kann man zugleich ein japanischer Weiser und ein Heiliger der Wüste sein?

G. D.: Ich glaube, daß man die Begriffe Orient-Okzident nicht geographisch auffassen darf. Das beste Bild dafür ist Mann und Frau. Der Mensch ist nicht nur Mann oder Frau, sondern ganzer Mensch nur, ob Mann oder Frau, weil beide Pole in ihm sind. Wenn der Westen menschlich bleiben will, muß er das, was in ihm östlich ist, ernst nehmen, und nur in dem Maß, wie die Menschen des Ostens etwas vom Westlichen in sich aufnehmen, werden sie überleben können.

Man kann also sagen, daß das Interesse, das wir westliche Menschen jetzt dem Osten entgegenbringen, daher kommt, daß das Östliche in uns im Westen allzu lange vernachlässigt war und zu erwachen beginnt und uns sagt: „Hör', wenn du mich nicht akzeptierst, wirst du in der Maschinenordnung und den Betonhäusern, die du baust, ersticken!"

II.

Größe und Elend des Menschen

ALPHONSE GOETTMANN: Bevor wir nun im einzelnen auf Ihre Botschaft eingehen, bitte ich Sie, in wenigen Worten zu sagen, was der Kern Ihrer Lehre ist.

GRAF DÜRCKHEIM: Ich möchte es so sagen: Es ist das Ernstnehmen des doppelten Ursprunges des Menschen, des „himmlischen" und des „irdischen". Der Westen hat ihn nicht wahrgenommen, weil er annahm, daß der „himmlische" Ursprung das ausschließliche Gebiet des Glaubens sei und daß nur die „irdische" Wirklichkeit das Objekt wissenschaftlicher Erkenntnis und technischer Bewältigung des Lebens sein könne. Der Westen hat den Menschen in seiner spirituellen Entwicklung entmutigt. Aber die himmlische Herkunft des Menschen ist sein Wesen. Er nimmt in der Tiefe seines Seins am göttlichen Sein teil und kann sich dessen durch besondere Erfahrungen innewerden. Der Mensch ist Bürger zweier Welten: der raumzeitlich-bedingten, die dem Verstand und seinem technischen Zugriff zugänglich ist, und der Wirklichkeit seines Wesens, die jenseits ist von Raum und Zeit und die nur unserem inständlichen, inneren Bewußtsein und nicht dem gegenständlich fixierenden Verstand sich erschließt.

Die Bestimmung des Menschen ist es, der zu werden, der in seinem raumzeitlich bedingten Dasein vom überraumzeitlichen Sein zeugen kann. Um dahin zu gelangen, müssen wir vor allem lernen, die Erfahrungen ernst zu nehmen, durch die uns in besonderen Augenblicken das göttliche Sein berührt und ruft. Das ist der tiefe Sinn jeder spirituellen Übung, wie ich sie verstehe: sich einem Innewerden des Wesens durch Erfahrungen zu öffnen, die es bezeugen, und mehr und mehr eine Weise dazusein zu verwirklichen, die uns erlaubt, das göttliche Sein im alltäglichen Leben zu spüren und zu bezeugen.

Der doppelte Ursprung des Menschen ist also der Erfahrung zugänglich. In der Seinsfühlung erfährt der Mensch die Quelle, die Verheißung und den Auftrag seines Lebens. Er erfüllt sich auf dem initiatischen Weg, dessen Anfangspunkt die Seinserfahrung ist und dessen Werkzeug die geistliche Übung, das Exerzitium. Das Leben, gelebt als initiatischer Weg, ist das Leben des zu seinem Wesen erwachten Menschen. Mir scheint, die Stunde ist gekommen, wo der Westen zu einer Erfahrung des Seins und einer Praxis des Weges erwacht, der also nicht Privileg des Ostens ist.

A. G.: Größe und Elend des Menschen! Notschrei und zugleich Hoffnungsruf ... das ist das Resümee Ihrer Botschaft. Ohne Selbstmitleid muß man zugeben, daß der Mensch von heute krank ist ... Er hat sich der Welt so sehr angepaßt, daß das Beste in ihm gefangen ist. Die Herrschaft der Wissenschaften, der Technik, der Organisation haben ihn zum Gefangenen dieser „irdischen" Welt gemacht, während seine tiefere, absolute, „himmlische" Wirklichkeit jenseits des Raumes und der Zeit ist, in die er sich eingeschlossen hat. Ein Überweltliches, das jedoch nirgends anders als in seinem Innersten liegt. „Das Reich Gottes seid ihr", sagt das Evangelium.

G. D.: Gerade jetzt, wo der Mensch glaubt, auf dem Gipfel zu sein, blind gemacht durch seine äußeren Erfolge und Zukunftserwartungen, ist er weiter denn je entfernt von der Wahrheit des Lebens und seiner persönlichen Reife. Sein aufgeblähtes „Welt-Ich" hat ihn so in die Irre geführt, daß er es als die einzige Quelle des Wissens, des objektiven Wissens, betrachtet. So ist dieses Ich der Usprung der großen inneren Spaltung. In ihm ist die Einheit des Seins entzweigebrochen: Da das Gewicht einseitig auf den äußeren, rationalen Pol gelegt wird, erstickt die tiefere Wirklichkeit des Menschen, und so ist er getrennt vom Sein.

A. G.: Es ist die Quelle der Unzufriedenheit, der Sehnsucht und unsäglicher Leiden, die Ursache zahlreicher Krankheiten und psychischer Störungen, ja des Verlustes des Lebenssinnes. Doch das ist das Ergebnis einer Geschichte, die so alt ist wie die Menschheit.

G. D.: Alt und zugleich aktueller denn je. Wir sprechen von der Erbsünde. Der Mensch möchte durch eigene Kraft wie Gott werden, und um das zu erreichen, gebraucht er die Früchte vom Baum der Erkenntnis, die bewußte und objektive Erkenntnis, falsch. In einem bestimmten Augenblick seines frühkindlichen Lebens entdeckt er die Welt der Gegenstände, sagt eines Tages: „Das ist das, und das ist das" und sagt: „Ich bin ich und will es bleiben." In diesem Augenblick zerbricht seine Einheit mit dem Sein. Er sondert sich von seinem Urgrund und schafft eine Welt, in deren Mittelpunkt sein Ich steht.

A. G.: Er unterscheidet das Gute und das Böse, wie die Bibel sagt, fällt in die Welt der Qualität und macht sich eine Ideologie zurecht, in die er sich projiziert. Er hat sich vom Leben jenseits des Dualismus abgeschnitten, er zerreißt das Bild Gottes, das ihm innewohnt, und schafft sich eine Gestalt nach seiner eigenen Vorstellung.

G. D.: Das ist die Sünde, die das Leben zum Stehen bringt, das Leben, das doch kein Stehenbleiben kennt. Er begrenzt sich in einem Universum, das er als festgestellt in Begriffen und rationalen Ordnungen wahrnimmt, in den Kategorien von Zeit, Raum, Identität und Kausalität (Kant). Mit diesem objektivierenden Bewußtsein stellt er sich außerhalb der ursprünglichen Realität, des wirklichen Lebens. So wird ein Erstarren, der Tod, „der Sünde Sold", wo der Mensch seiner ursprünglichen Heimat den Rücken kehrt und ins Exil geht. Zugleich erscheint der physische Tod dem nur als erschreckendes Ende, der nur seinen eigenen Sicherheiten lebt.

A. G.: Ich muß lächeln, wenn ich an die Geschichte vom Käfer denke, der eines Tages einen Tausendfüßler trifft: „Wie machst du es", fragte der Käfer, „daß du immer im richtigen Moment den hundertsiebenundzwanzigsten Fuß hebst und den achthundertneunundfünfzigsten hinstellst, ohne je durcheinanderzukommen?"

Der Tausendfüßler, ganz überrascht über eine solche (intellektuelle) Frage, beginnt seinerseits nachzudenken ... und ist nun wie gelähmt, unfähig, sich fortzubewegen.

Aber Spaß beiseite! Ein Mönch des 7. Jahrhunderts, der heilige Andreas von Kreta, sagt: „Der Mensch ist sein eigener Götzendiener." Das ist eine der besten Beschreibungen unserer Erbsünde. Die Kraft, die ihn zu seinem Wesen lenkte, das der Urgrund seiner Menschennatur ist, hat er auf sein kleines Ich gerichtet. Und damit trennt er sich von der Quelle des Lebens und lebt gegen seine Natur. Er lebt in der Selbstlüge, verdrängt ständig seine tiefste Sehnsucht und rast förmlich in den Tod. Sein Leben ist ein Sterben, und was er tut, verdirbt alles Ursprüngliche. Er spaltet sich und spaltet mit sich auch das Universum. Das ist die Ur-Sünde, die Erbsünde. Wir machen täglich die Erfahrung dieser inneren Entfremdung! Aber wir haben die Fähigkeit, diese Todessituation in eine Auferstehungssituation zu verwandeln. Die Verwandlung ist möglich, sie ist das Ziel all unserer Arbeit.

G. D.: In seinem Grunde bleibt der Mensch immer Kind des Paradieses.

A. G.: „Adam, wo bist du?" ruft Gott immer noch im innersten Herzen des Menschen.

G. D.: Aber „er hat keine Ohren mehr, um zu hören". Vorangetrieben von seinen Ideen, hört er nur noch den Gott der Philosophen und verschließt die Türe vor dem göttlichen Sein, das ihn immer wieder ruft und sucht. Aber die Erbsünde ist auch die Erbchance des Menschen, sie erlaubt ihm, sich des Göttlichen bewußt zu werden. Nur auf dem Hintergrund der Verfehlung kann er die Wahrheit entdecken; das Ziel des Lebens kann dann nichts anderes sein, als den verlorenen Sinn wiederzufinden. Das Einssein des Menschen mit seinem Urgrund, dank dem er zum göttlichen Sein erwachen kann, verpflichtet ihn auch, dies im Dasein zu manifestieren. Das Sein im Dasein darzuleben, ist die Bestimmung des Menschen. Außerhalb dieser Bestimmung gibt es keine wahre Erziehung und keine wahre Heilkunde. Nur dieses Einswerden des Welt-Ichs mit dem Wesen, das die Ganzheit des Menschen verwirklicht, führt ihn zur Reife. Ihre wichtigste Frucht ist die volle Erfahrung des: „Ich Bin.“ Von dieser die Präsenz aus dem Wesen einschließenden „Ichwerdung“, dem Erleben der ganzen Fülle des Ichs als Zeuge des Wesens, hängt die rechte Beziehung des Menschen zur Welt, zu sich selbst und zur Transzendenz ab.

Zu Beginn und am Ende, am Ursprung und in der Entwicklung allen Lebens findet sich das transzendente „Ich Bin“. Im Wesen aller Dinge kann der zu seiner Reife gelangende Mensch das göttliche „Ich Bin“ fühlen, von dem alles Leben kommt und zu dem alles Leben zurückkehrt. Jedes Wesen ist aufgerufen, in der ihm eigenen Gestalt dieses göttliche „Ich Bin“ zu verwirklichen, das sich in so unterschiedlichen und vielfältigen Formen in allen Kreaturen des Universums zu manifestieren sucht.

A. G.: Wie Moses vor dem brennenden Dornbusch ahnen wir Seine Gegenwart, aber wir erkennen sie erst, wenn wir, wie er, die Schuhe unseres Ich ausgezogen haben ... Glauben Sie nicht, daß darin die wichtigste Aufgabe für den Menschen unserer Zeit liegt?

G. D.: Der wichtigste Auftrag für den heutigen Menschen ist die Wiederentdeckung des wesentlichen Menschen. Es geht darum, den Heiligen Geist in uns selbst zu befreien. Wir müssen das Wesen in der bedingten Substanz wiederentdecken, das Nicht-Bedingte im Bedingten.

Das Grundleiden des Menschen ist es, sich selbst fremd geworden zu sein. Das ist sein Elend ...

A. G.: ... das persönlichste und das universellste!

G. D.: Ja! Die Zivilisation (ich spreche jetzt von der westlichen) hat nur einen Pol des menschlichen Seins entwickelt und den anderen vernachlässigt, ja verdrängt. Der Mensch hat einen zweifachen Auftrag: die Welt zu gestalten im Werk und zu reifen auf dem inneren Weg. Die Frucht dieser Reife ist die für das göttliche Sein transparente Person.

Diesen Aspekt hat die westliche Zivilisation völlig aus den Augen verloren. Noch heute hat der Mensch als Mensch keinen rechten Raum in der Erziehung. Es beginnt schon in der Schule. Alles ist auf Leistung hin organisiert, das Kind hat keine schöpferische Freiheit; sehr bald schon muß es auf gute Noten erpicht sein, da es sonst nicht auf eine höhere Schule aufgenommen wird oder studieren kann. Das etwas langsame, verträumte Kind, das sich in einer fast meditativen Haltung über seine Arbeit beugt, hat keine Chance. Nur das Kind, das schnell und intelligent reagiert, wird beachtet.

Die an den Universitäten gelehrten Wissenschaften gehen am Menschen im Menschen weitgehend vorbei. Das darf uns nicht hindern, die unerhörten Leistungen der klassischen Medizin zu sehen, zu würdigen und zu bewundern. Auch der Mensch als Staatsbürger ist im festen Gefüge einer rational bestimmten Leistungsordnung gefangen, die seinen Wohlstand und seine Sicherheit garantieren soll, aber wenig bedacht nimmt auf seine Entwicklung als Mensch. Die Freiheit des Menschen ist oft auf die Freiheit reduziert, seine Nicht-Freiheit zu akzeptieren. Auch der Kirche ist diese Entwicklung nicht erspart geblieben. Sie ist oft eine Organisation geworden, in der die Theologen, zu Wissenschaftlern geworden, die mystische Erfahrung nicht mehr wahrnehmen. Aber schon beginnt die Situation sich zu ändern, eine Wandlung zur Wahrnehmung des ganzen Menschen hin ist zu bemerken. Zahlreich sind die neuen Wege, die für die Befreiung des Menschen in seiner Natur und seiner Übernatur heute insbesondere im Raum der Psychotherapie erschlossen werden.

A. G.: Eckehart wurde als Ketzer verdammt, Franz von Assisi einer gesetzlichen Regel unterworfen, Johannes vom Kreuz ins Gefängnis geworfen, Jeanne d'Arc lebendig verbrannt. Louis Cognet, Professor am Katholischen Institut von Paris, sagte eines Tages mit dem ihm eigenen Ernst des wissenschaftlichen Forschers, daß man allein über das Elend, das die kirchlichen Autoritäten aller Schattierungen über Spirituelle und Mystiker gebracht haben, das aufregendste Buch schreiben könnte! Aber erst nach dem Mittelalter wurde die Theologie eine Wissenschaft. Der völlige Bruch kam dann mit der Renaissance. Die orthodoxe Tradition hat jedoch nie klar zwischen Mystik und Theologie, zwischen persönlicher Erfahrung der göttlichen Mysterien und dem von der Kirche behaupteten Dogma unterschieden. Das Ziel, das die griechischen Kirchenväter immer vor Augen hatten, war die Vergöttlichung oder die Vereinigung mit Gott, zu der alle Christen gelangen sollten. Die Theologie diente nur dieser Sache. Sie war keine Angelegenheit von Diplomaten, verlangte nie eine Universitätslaufbahn, sondern mystische Erfahrung.

Die alte Kirchentradition gab drei heiligen Schriftstellern den Namen „Theologen": Johannes, dem mystischsten der vier Evangelisten, dem heiligen Gregor von Nazianz, dem Autor kontemplativer Gedichte, und dem heiligen Simeon, der die Vereinigung mit Gott besang ...

G. D.: Das wäre der wahre Sinn der Theologie, die einen initiatischen Weg weisen würde; „initiatisch" heißt, die Tür zum Geheimen zu öffnen. Das Geheime sind wir selbst in unserem überweltlichen Wesensgrund. Dieser Weg muß im Westen im Hinblick auf seine beiden Pole entwickelt werden: Der eine ist die initiatische Erfahrung, die diesen Namen nur in dem Maß verdient, wie der Mensch sich vom göttlichen Sein berührt und zu jener Entwicklung aufgerufen fühlt, deren Frucht die Person ist, und der andere ist der Weg selbst, der die Verwandlung Schritt für Schritt vorbereitet. Ich wiederhole, die wichtigste Frage unserer Zeit für den westlichen Menschen ist, die Einstellung zum Leben aufzugeben, in der es einseitig um die Beherrschung der Welt, der Existenz in Zeit und Raum geht. Man muß verstehen, daß unser Dasein nur dort einen tieferen Sinn hat, wo es der Bezeugung unseres Wesens dient: Das Wesen ist das in uns wirkende WORT, der innere Christus und der universelle, in jedem von uns und in allen Dingen gegenwärtige Christus.

Die heutige Erziehung, auch die der Priester, bringt den Menschen noch nicht auf den initiatischen Weg.

A. G.: Man muß sich darüber im klaren sein, daß keine neue Struktur, keine Revolution den Menschen ändern wird; eine neue Welt kann nur durch einen neuen Menschen entstehen. Die junge Generation zeigt uns das deutlich. Vor allem in den USA erleben wir eine gewaltige Abkehr von der Politik und eine ganz anarchistische, aber vielversprechende Hinwendung zur Seele. Der Mai 1968 war ein letzter Versuch auf politischer und gewerkschaftlicher Ebene, das für sich zu gewinnen, was in Wirklichkeit Schrei nach Luft zum Leben war. Die Hippies waren dafür Vorboten, und heute bestätigt die Vielfalt verschiedenster Methoden der Selbstentwicklung diese Hypothese.

Selbst innerhalb der Kirche zeichnet sich, neben den angeprangerten Irrtümern, eine Rückkehr zu den Quellen ab ...

G. D.: ... weil man merkt, daß die mystische Tradition die Urwahrheit berührt. Der Mensch von heute ist nicht mehr der Mensch der modernen Zeit, sondern der der neuen Zeit. Wir sind eingetreten in das Zeitalter des Heiligen Geistes ... Es gab das Zeitalter des Vaters, dann das des Sohnes, und wir treten ein in das Zeitalter des Geistes, in dem der Mensch auf breiter Front erwacht zur Entdeckung des Göttlichen in ihm selbst. Das ist etwas Neues!

A. G.: Malraux, der jedoch Agnostiker war, wurde zum Propheten dieser kommenden Zeit. „Das einundzwanzigste Jahrhundert", sagte er, „wird ein spirituelles Jahrhundert sein, oder es wird überhaupt nicht sein." Es wäre interessant, etwas Genaueres darüber zu sagen ...

G. D.: Das Zeitalter des Vaters: darin fühlt sich der Mensch Gott, seinen Geboten und Gesetzen unterworfen. Im Zeitalter des Sohnes erfährt er die Liebe. Im Zeitalter des Geistes erwacht er zu einer Bewußtwerdung, in der die Beziehung zu Gott nicht nur in einem wahrhaften Glauben, sondern in einer Erfahrung gründet, ja ein transzendentes Wissen um Christus in uns schenkt. Eben dies meint der Begriff der immanenten Transzendenz, zu der hin wir uns entwickeln sollen. Wenn der Geist, der große Dritte der Dreieinigkeit, der ist, der die Einheit von Vater und Sohn bedeutet, bezeichnet er zugleich die absolute Einheit der absoluten Vielfalt. An dieser schöpferischen Kraft, die jenseits der Gegensätze und des mannigfaltigen Lebens ist, hat auch die uns immanente Transzendenz teil. Sobald diese in uns erwacht, erfahren wir eine existentielle Tiefe, die jenseits von Gut und Böse ist.

Das Gebot Christi: „Liebet eure Feinde" appelliert an diese Tiefe. Ich glaube, daß es immer zwei Weisen gibt, die Worte Christi zu verstehen: die eine äußerlich und rational, die andere innerlich auf dem Weg der Erfahrung und Verwandlung. Hat Jesus nicht immer versucht, in uns die Transzendenz anzurühren, die jenseits von Gut und Böse ist? So auch in dem Gebot „Liebe deinen Nächsten wie dich selbst". Das meint auf der natürlichen Ebene: Ein jeder liebt sich selbst, so soll er den Versuch machen, den anderen ebenso zu lieben wie sich selbst. Eine andere Interpretation versteht das Gebot Christi so: Liebe deinen Nächsten *als* dich selbst, das heißt: begegne deinem Nächsten im Wesen, darin ihr im Grunde eins seid, und das heißt zugleich „in Christus". Es gibt nur das eine Sein alles Seienden, und ich glaube, daß, wenn sich in uns wirklich das Wesensauge öffnet, wir auch im anderen sehen, worin wir im Grunde eins sind mit ihm. Dann findet eine wahre Begegnung zweier mit dem göttlichen Sein verbundenen Geschöpfe statt, eine Begegnung von Wesen zu Wesen, eine Begegnung in Christus. Deshalb sagte Jesus: „Wenn zwei oder drei sich in meinem Namen versammeln, bin Ich mitten unter ihnen." Es ist Er, der aus allen dreien spricht!

A. G.: Weil wir die Worte Christi zu oft von außen verstanden haben, bleiben unsere Beziehungen oberflächlich; eine wirkliche Begegnung zweier Personen ist eine große Seltenheit. Der eine fixiert den anderen in seiner Rolle, der Arzt sieht im Kranken nur einen Fall, der Lehrer im Schüler nur einen Intelligenzquotienten, der Chef im Arbeiter ein Objekt der Rentabilität, der Priester in seiner Herde schwarze Schafe ...

Nutzen und Zweck beherrschen in den meisten Fällen unsere Begegnungen. Selbst in unseren intimsten Beziehungen, bei Paaren oder innerhalb der Gemeinde ...

G. D.: Das ist die Ebene des natürlichen Ichs, deren Überwindung eine christliche Haltung meint. Um diese Überwindung der natürlichen Daseinsebene geht es auch in der Begegnung zwischen Arzt und Patient, von Therapeut und Klient. Zunächst geht es um das besondere Leiden, das aktuelle Problem; dann aber, wenn es sich um einen rechten Therapeuten handelt, vertieft sich das Gespräch von der Ebene der Diskussion des Problems zur Begegnung von Person zu Person. Dann aber kann es geschehen, daß ein weiterer Schritt erfolgt: plötzlich ist es, als sei ein unsichtbarer Dritter im Raum, der in geheimnisvoller Weise das Gespräch führt, der „große Dritte", und dann gewinnt die Begegnung erst ihre eigentliche Fruchtbarkeit im Zeichen des WESENS.

A. G.: Im Namen dieser Erfahrung wagen es heute einige wenige Ärzte, zu ihren Patienten zu sagen: „Ich behandle Sie, aber ein anderer heilt Sie."

Wie würde sich alles verändern, wenn diese Weise, eine Beziehung zu leben, in den Ehen, in den Familien, in den Gemeinden, in den Schulen und in der Politik verwirklicht würde!

III.
Himmel und Erde: Der doppelte Ursprung des Menschen

ALPHONSE GOETTMANN: Sie haben ein neues Bild des Menschen angedeutet. Sie zerbrechen in gewisser Weise die gewohnten Denkstrukturen und entkleiden ihn aller äußeren Sicherheiten, um einen Weg zu einer persönlichen und authentischen Erfahrung des eigentlichen Sinnes seines Lebens wahrzunehmen. Sie rufen „Nehmt die Masken ab!“ Es ist genug! Das Rollenspiel ist zu Ende ... Jetzt ist die Stunde der Person gekommen. Inmitten der Tragikomödie, in der der Mensch unserer Zeit lebt, bieten Sie Ihre Anthropologie an. Können Sie mehr darüber sagen?

GRAF DÜRCKHEIM: Es gibt zwei Arten von Anthropologie: die einer Wissenschaft, die fragt: was ist der Mensch? und die einer Kunde vom Menschen, die fragt: was heißt es, ein Mensch zu sein? Die erste sieht den Menschen gleichsam als ein Bewußtseinswesen, gebildet aus Leib, Seele und Geist, begabt mit bestimmten Fähigkeiten und Fertigkeiten, und fragt nach seiner Entwicklung dieser Gaben durch die Jahrtausende hindurch und in den verschiedenen Völkern und Rassen. Das ist nie mein Problem gewesen. Meine Anthropologie betrachtet den Menschen als Wesen, das sich seiner selbst bewußt ist, das vor allem darunter leidet, nicht das zu sein, was es in Wahrheit ist. Es handelt sich um den Menschen, der sein Welt-Ich überentwickelt hat und eines schönen Tages lernen muß, es zu transzendieren, um seine tiefsten Wurzeln wiederzufinden.

Man könnte sagen, daß der Mensch durch drei Stadien des „Ich“ hindurchgeht. Das „kleine Ich“, das nur auf sein Bestehen bedacht ist, Genuß, Besitz, Geltung und Macht sucht. Darüber hinaus gibt es das Ich im Sinne des „Welt-Ichs“, das sehr viel mehr umfaßt. Es ist das Ich, das lieben kann, das sich selbstlos einer Sache, einem Werk, einer Gemeinschaft, einer Person hingeben kann ... Es kann seine Egozentrik überwinden, wodurch es sich erst eigentlich vom Tier unterscheidet und erst wirklich zum Menschen wird. Und schließlich gibt es den Menschen, der zu seinem „Wesen“ erwacht ist, der vom Wesen her sagen kann: „Ich bin.“

A. G.: Was ist das „Wesen“?

G. D.: Der Kern des Menschen, durch den er an der überweltlichen Wirklichkeit des universellen, göttlichen Geistes teilhat. Das Wesen ist die Weise, in der das überweltliche Sein in einem Menschen anwesend ist und sich in ihm und durch ihn darleben möchte, in seiner Weise, dazusein, zu erkennen, zu gestalten und zu lieben. Versteht man das Wesen auch als den inneren Christus, müßte am Ende jeder Mensch mit Paulus sagen können: „Nicht ich lebe mehr, sondern Christus lebt in mir.“ Für mich ist die Anthropologie also eine Lehre vom Menschen als personalem Wesen. Für diesen Menschen gilt auch, was Christus von sich sagt: „Ich bin der Weg, die Wahrheit und das Leben.“ Dieser Satz gilt für jedes lebendige Wesen. Die Blume trägt auch in den ihrem Samen eingeprägten Inbild ihr Leben, ihren Weg und ihre Wahrheit. Ebenso der Mensch: In seinem Wesenskern umfängt er ein Leben, eine Wahrheit, die sich nur in dem Maße verwirklicht, wie dieser Lebenskern das Gesetz seines Lebens wird. Anders gesagt: Auch das dem Menschen innewohnende, individuelle In-Bild ist sein In-Weg. Der dem Gesetz des Werdens entsprechende Weg ist seine Wahrheit und sein Leben. Nur wenn wir uns dieses universellen Prinzips für uns selbst bewußt werden, können wir dem Auftrag unseres Lebens entsprechen.

A. G.: Dieses Bewußtsein, das wir von uns selbst haben, mündet schließlich in die Erfahrung eines Absoluten, das aber zunächst unpersönlich ist. Erst später entdeckt man das Gesicht Christi als sein innerstes Zentrum. Ohne dieser Erfahrung fällt man in den Mythos, oder man wiederholt, was man aus Büchern gelernt und von den Kanzeln herab gehört hat ...

G. D.: Für uns ist Christus kein Mythos, sondern eine in Jesus zur geschichtlichen Wirklichkeit gewordene Präsenz Gottes. Solange der Christ keine eigene Erfahrung hat, verlegt er den Christus, ohne den er nicht zum Vater kommt, nach außen. Gemeint ist aber der uns immanente Christus. In Wirklichkeit fordert Jesus den Menschen auf, den Horizont seines Welt-Ichs zu überschreiten, sich in das göttliche Sein zu vertiefen, das Christus selbst ist, und in ihm dem Vater zu begegnen. Von Jesus Christus gibt es das Wort (Thomas-Evangelium) „Ihr müßt mich in Euch erfahren, dann werdet Ihr Euch selbst als Söhne Gottes erleben."

A. G.: ... des Vaters, der Ursprung, innere Quelle ist.

G. D.: Das ist die große Wirklichkeit, in der wir uns lebendig und geborgen fühlen und in der wir die wahre Liebe entdecken. Das schmälert natürlich nicht den Glauben dessen, der noch keine Seinserfahrung gemacht hat, d. h. „keine Ohren hat, zu hören", wie Christus sagt. Ohne das innere Ohr ist man in seiner spirituellen Entwicklung auf den Glauben „an" beschränkt, bis zu dem Tag, an dem man den Horizont dieses Bewußtseins durchbricht und sich plötzlich auf einer anderen Ebene befindet; dann öffnet sich das Ohr des wahrhaft lebendigen Glaubens *(foi)*.

A. G.: Das Tragische ist, daß der Glaube an die Lehre *(croyance)* intellektueller Natur ist und daß er deshalb den Menschen nicht verwandelt.

G. D.: Nein, das verwandelt ihn nicht. Der Glaube an die Lehre und die Unterwerfung unter die Gebote kann sich wohl in guten Werken bewähren. Die Frage ist nur, ob er auch den ganzen Menschen vom Wesen her zu verwandeln vermag. In unseren Tagen öffnen auch namhafte Vertreter der Kirchen ihre Tore zum Ernstnehmen der numinosen Erfahrung.

A. G.: Meiner Meinung nach hat dieses Kirchen-Christentum nur die Gesetze geändert, und viele leben noch unter dem mosaischen Gesetz und machen aus Jesus einen verbesserten Gesetzgeber. In diesem Fall würde ich nicht einmal von einer Gemeinde sprechen, die ja Glauben und innere Dynamik voraussetzte, sondern von einer Gruppe, in der das Verhalten jedes einzelnen durchdacht, vorhersehbar und von außen organisiert ist, und deren Aktivität anstelle der Glaubenserfahrung nur auf bestimmte sozio-politische Handlungen hinausläuft.

G. D.: Wie viele Menschen haben heute Schuldgefühle und Angst, wenn sie sich die Freiheit nehmen, das Gewicht der seit ihrer Kindheit gelernten Formeln abzuschütteln und auf das zu vertrauen, was sie tief in sich selber vernehmen: die innere Stimme, die Stimme ihres überweltlichen Wesens ... Ich habe vor einiger Zeit den Brief einer bejahrten, langjährigen Oberin eines Schweizer Klosters erhalten, die mir schrieb: „Ich bin glücklich, endlich in mir die Erlaubnis gefunden zu haben, die göttliche Wahrheit in der mir immanenten Transzendenz zu suchen. Langsam fällt der Gips Stück für Stück ab. Was ist dieser Gips anderes als ein Glaube, der aus nichts anderem besteht, als zu glauben, was die Kirche lehrt." Gewiß für viele ein erschrekkender Satz!

Erich Neumann hat in der Nachfolge C. G. Jungs ein Buch unter dem Titel *Tiefenpsychologie und neue Ethik* geschrieben, in dem er von Gut und Böse im Gewissen spricht: Der Mensch, der Teil einer Gemeinschaft ist und als ihr zugehöriges Glied sie in sich trägt, weiß, was von ihr her gesehen Recht und Unrecht ist. Er hört es in der Stimme des Gewissens. Die Zugehörigkeit zu einer Gemeinschaft gibt ihrem Glied ein Bewußtsein von bestimmten Ordnungen, Gesetzen und Tugenden. Seine lebendige Gliedschaft repräsentiert das Leben der Gemeinschaft in ihm. Die Stimme des Gewissens im Glied der Gemeinschaft zeigt die Präsenz der Gemeinschaft in ihm. Das Sein des Ganzen ist das Sollen der Glieder.

A. G.: In dieser Hinsicht zeichnet sich eine ernsthafte Wende bei den Philosophen, Soziologen und Naturwissenschaftlern ab. Friedmanns schockierendes Urteil, das er nach vierzig Jahren der Reflexion zu fällen wagte, findet heute immer stärkeren Beifall: „Man kann diese Welt nicht spiritualisieren, d. h. retten, ohne eine Rückkehr zum Individuum, eine Bemühung um das Selbst, die vom inneren Menschen ausgeht." Ich denke an die *Gnosis von Princeton* oder an die berühmten Thesen Schuhmachers; Jaspers, Mounier, Einstein und einige andere waren allerdings schon ein halbes Jahrhundert früher in diesem Sinne „Propheten".

G. D.: Es ist also ein großer Sprung, den unsere Zeit von uns verlangt! Es ist genau die Richtung, in der die Gedanken des Psychologen Neumann gehen. Mit welcher Kühnheit spornt er den Menschen an, nicht nur die Stimme seines traditionellen Gewissens zu hören, sondern auch die „kleine Stimme“, die ihm bisweilen zuflüstert, daß er etwas ganz anderes tun soll als das, was die Stimme des Gemeinschaftsgewissens zu tun fordert, auch wenn er die Gemeinschaft verletzt oder sogar verlassen muß; der Mut, „nein!“ zu sagen und sich von Grund auf frei zu fühlen ... Dann ist die „kleine Stimme“ die Gegenwart des göttlichen Seins.

Es gibt das relative Gewissen, das mit den Forderungen der Gemeinschaft erfüllt ist, und es gibt das absolute Gewissen, das der Ausdruck des göttlichen Seins ist und das in gewissen Augenblicken verlangt, den Forderungen der Gemeinschaft untreu zu werden. So ist es zu verstehen, wenn Christus einem Jüngling, der ihm folgen wollte, aber sagte, er müßte erst seinen Vater zu Grabe tragen, entgegnete: „Laß doch die Toten ihre Toten begraben.“ Was für ein Skandal! Christus fordert von diesem Mann ein im Glauben der jüdischen Tradition unmögliches Verhalten, da die Toten zu begraben eine sakrosankte Pflicht war. Aber wenn er Christus nachfolgen will, muß der Jüngling selbst seiner Familiengemeinschaft untreu werden können. Das ist letztlich auch die Pflicht, vor der jeder junge Mensch steht, der um seines wahren Selbstes willen das Elternhaus verlassen muß.

A. G.: Christus stürzt die etablierte Ordnung um durch seine Schmähungen gegen die Pharisäer, stellt das Gewissen in Frage, um uns dem Absoluten auszuliefern. Manche seiner Worte sind, er hat es selbst gesagt, wie ein „Schwert“, das hineinfährt und uns vom Liebsten trennt:

„Ich bin gekommen, den Menschen aufzubringen wider seinen Vater und die Tochter wider ihre Mutter und die Schwiegertochter wider ihre Schwiegermutter. Und des Menschen Feinde werden seine eigenen Hausgenossen sein. Wer Vater und Mutter mehr liebt denn mich, der ist mein nicht wert.“ (Matth. 10,35–37)

Das ist unmenschlich und unmöglich für das „übliche Gewissen“, von dem Sie sprechen? Doch das „absolute Gewissen“? ...

G. D.: Das gibt es. Ich habe es erlebt ... Es war nach dem Ersten Weltkrieg, nach vier Jahren an der Front; Deutschland befand sich in einer ernsten Situation ... Es hatte den Krieg verloren und war überdies vom Kommunismus bedroht. Das Rheinland war am meisten betroffen; mit den Resten der Regimenter wurden neue Formationen gebildet, die in das bedrohte Rheinland geschickt werden sollten. Ich hatte an der Aufstellung der von unserem Regiment zu entsendenden Formation teilgenommen. In der Nacht vor dem Ausmarsch erwachte ich und vernahm „die kleine Stimme", die mir sagte: „Deine Zeit, Soldat zu sein, ist vorüber. Du wirst nicht hinausziehen mit deinem Regiment!" Die Stimme erklang mit einer solchen Bestimmtheit, daß kein Widerspruch möglich war. Für einen Offizier eine völlig unmögliche Situation! Ich war durch meinen Soldateneid gebunden, und nun forderte mich eine andere Stimme auf, ihn zu verraten ... Ich ging zu meinem Vorgesetzten und sagte ihm: „Ich werde nicht mitmarschieren, ich bleibe hier, das steht fest. Ich bin kein Soldat mehr!"

Ich hatte das Glück, einem Kommandeur gegenüberzustehen, an dessen Seite ich in sehr gefährlichen Situationen an der Front gekämpft hatte. Er kannte mich und wußte, daß es nicht Angst war, die mich bestimmte, sondern der Gehorsam gegenüber etwas Absolutem in meinem Inneren. Er sah mich an und erlaubte mir, mir selbst zu gehorchen ... Aber er hätte sehr wohl anders reagieren können!

Einige Jahre später hatte ich die zweite Erfahrung des absoluten Gewissens. Als ältester Sohn sollte ich den Familienbesitz in Steingaden erben, es handelte sich um das Schloß und die Ländereien des Grafen Dürckheim. Eine Zeitlang rang ich mit mir, und dann erwachte ich eines Morgens wieder mit dieser unerschütterlichen Gewißheit: „Du sollst nicht Landwirt werden, sondern deinen eigenen Weg gehen. Du mußt auf dies Erbe verzichten." Dieser Gewißheit stand meine innere Verbundenheit mit unserem Steingaden gegenüber. Vor allen Dingen war es schwer, dies meinem Vater anzutun, und schwer war die Trennung von dem Boden, auf dem ich aufgewachsen war und an dem ich mit allen Fasern hing ... Aber wiederum gab es keinerlei Zweifel. Das absolute Gewissen hatte gesprochen. Ich mußte diese Bindung zerreißen und *meinen* Weg gehen!

Das absolute Gewissen ist ein Aufblitzen der schöpferischen

und transzendenten Kraft, die in uns wohnt. Es ist eine Waffe gegen alle äußerlichen Notwendigkeiten, es befreit uns von jedem Konformismus, von moralischen Tabus und vom Zwang überkommener Glaubensforderungen. Eine vom absoluten Gewissen herbeigeführte Lebenswende ist eine Befreiung und stellt einen in Neuland. Alles ist anders und doch auch schon vertraut für den, der es betritt: sein Verhalten, seine Beziehungen, seine Art zu erkennen, die Qualität und der Sinn alles dessen, was er berührt oder betrachtet. Er legt die Scheuklappen einer begrenzten Welt ab, um in das Reich der Freiheit aus dem Wesen einzutreten, wo zu leben bedeutet, allerlei Sicherheitssysteme aufzugeben und, wo nötig, etablierten Ordnungen und eingespielten Verpflichtungen die Treue aufzukündigen, d. h. auch oberflächliche Beziehungen aufzugeben, die die Berührung mit dem göttlichen Sein verhindern …

Solche totale Wandlung hält natürlich nicht an. Aber sie ist ein wesentlicher Schritt auf dem Weg in die Freiheit und ein Schritt zurück aus dem Exil in die Urheimat unseres Wesens. Und der, der einmal geweckt ist, hat ein neues Gewissen, das sich bemerkbar macht, wo er abtrünnig wird.

A. G.: Ich lausche Ihnen mit einem bewegten Lächeln, denn auch wir, meine Frau und ich, haben uns auf diesen Weg begeben. Wir waren hin und her gerissen zwischen moralischen Vorschriften, zwischen entsetzten Ausrufen: „Das ist nicht gut!" „Das tut man nicht!" „Du hast nicht das Recht dazu!", Unverständnis von allen Seiten … und dem unüberhörbaren Ruf, der von einem anderen Gewissen ausging. Aber nichts konnte die „kleine Stimme", die immer in unserem Inneren gegenwärtig war, zum Schweigen bringen und uns die Entschlossenheit nehmen, ihr bis zum Schluß zu folgen …

G. D.: So fanden Sie Ihren Weg?

A. G.: Ja! Einen Weg, der zur orthodoxen Kirche Frankreichs führte, in deren Schoß wir unseren Glauben in der Fülle seiner biblischen, patristischen und liturgischen Wurzeln leben können.

G. D.: Ich habe den Gründer der französischen Orthodoxie, Jean de Saint Denys, gut gekannt. Im Zusammensein mit ihm spürte ich, daß es da eine ganz besondere Tradition und etwas ganz Eigenes zu entdecken gab! Er war ein Mensch voll Humor mit einem ansteckenden Lachen. Es ging eine wunderbare Ausstrahlung und eine ungewöhnliche Kraft von ihm aus ...

A. G.: Wir betrachten ihn als einen der größten Theologen unserer Zeit, keinen abstrakten Theologen, sondern einen, der immer mit dem Überweltlichen in Verbindung ist, ein genialer Mensch und ein visionäres Genie. Er ahnte, daß die Restauration der ursprünglichen Orthodoxie im Westen zweifellos eines der wichtigsten Ereignisse des 20. Jahrhunderts sein würde. Ist die Hoffnung jeder wahren Ökumene nicht, daß die große Tradition wiederentdeckt wird, die allen christlichen Konfessionen gemeinsam ist?

Ich muß Ihnen sagen, wie sehr ich Ihnen dankbar bin, daß Sie mich durch Ihre Lehren ermutigt haben, diesen Weg zu gehen ...

Wir haben „die kleine Stimme" durch eher ungewöhnliche Beispiele beschrieben; wie aber wirkt sie im Alltagsleben?

G. D.: Wer „Ohren hat, zu hören" und wach ist, der kann sie gelegentlich auch in unscheinbaren Situationen wahrnehmen. Zum Beispiel: Wir fühlen das Bedürfnis zu meditieren und uns in unsere Tiefe zu versenken, zugleich aber müßte an jemanden, der leidet, ein Brief geschrieben werden. Beides erfordert unsere Präsenz, und wir machen einen Unterschied zwischen der Forderung des Seins und der Forderung der Welt. Was tun? Man beschließt zu meditieren, später dann macht sich eine andere Mitte bemerkbar, der gegenüber man sich für die Entscheidung, die man getroffen hat, verantwortlich fühlt. Vielleicht sagt diese Mitte: „Diesmal hättest du lieber den Brief schreiben sollen und einer Forderung der Welt gehorchen."

IV.

Die fünf Sinne: Fenster zum Unsichtbaren

Alphonse Goettmann: Im alltäglichen Leben entdeckt der Mensch sich nach und nach in vielfältiger Weise. Es gibt banale, alltägliche, sichtbare Dinge und Dinge, die uns manchmal seltsam oder geheimnisvoll erscheinen. Die ersteren sind greifbar und sinnfällig, letztere sehr viel weniger manifest. Laufen wir nicht Gefahr, zu schnell davon zu sprechen, zu benennen, was wir nicht kennen, oder einer Lehre Glauben zu schenken, die wir nicht überprüft haben? Meine Frage ist im Grunde radikal: Was erlaubt Ihnen zu behaupten, es gebe ein überweltliches Wesen? Was sind die Beweise dafür, daß es existiert, und wie manifestiert es sich?

Graf Dürckheim: Das ist eine zentrale Frage. Meine ganze Lehre kreist um die Bejahung dieses göttlichen Seins. Es handelt sich dabei nicht um eine äußere Realität, sondern um eine innere Wirklichkeit, die in der Erfahrung des Menschen gegründet ist.

Ich stimme nicht mit denen überein, die die Wirklichkeit der Welt in Frage stellen, sie nur als eine Scheinwirklichkeit gelten lassen, wie es gewisse religiöse Philosophien tun, die sagen, nur diese innere Realität habe Wirklichkeit. Gewiß nicht! Aber die Welt, in der der Mensch lebt, ist die Welt des Menschen, d.h., daß wir alles, was uns umgibt, mit Bezug auf das wahrnehmen, was wir sind.

Das erhellt die Überlegung eines russischen Philosophen, der feststellt: Neunzehn Bilder in einer Sekunde geben das Bild der Bewegung. Pro Sekunde, d.h. pro Pulsschlag. Stellen wir uns nun einen Menschen vor, dessen Puls tausendmal schneller schlägt, und einen anderen, dessen Puls tausendmal langsamer schlägt; für den einen ist das, was als sehr schnelle Bewegung erscheint, etwas, das sich in seiner Wirklichkeit kaum bewegt, und für den anderen ist das, was sich kaum bewegt, in seiner Wirklichkeit eine sehr schnelle Bewegung. Anders gesagt: Für den einen wäre der Tag-Nacht-Rhythmus eine schwindelerregende Folge von schwarz-weiß, schwarz-weiß, ...das wären seine Tage und Nächte.

So besteht eine eindeutige Beziehung zwischen der Welt, wie wir sie sehen, und der Struktur des menschlichen Bewußtseins. Wir betrachten die Dinge und glauben, sie seien so wie sie uns erscheinen, in Wahrheit sind sie das, was sie für uns bedeuten, nur mit Bezug auf uns. Wir aber leben in *unserer* Wirklichkeit, und wenn wir über Wahrheit und Wirklichkeit nachdenken, können und dürfen wir nur von dem ausgehen, worin wir leben, lieben und leiden. Darin aber haben wir von zwei Arten von Wirklichkeit zu sprechen:

Die eine ist jene der Wissenschaften, die von einer objektiven Realität sprechen, in der sie absehen von dem, was der Mensch mit seinen Sinnen wahrnimmt und fühlt. Die „Erfahrungswissenschaften" sehen bisher von den spezifisch menschlichen Erfahrungswissenschaften ab! Die Erfahrung des Menschen wird durch technische Mittel ersetzt. Es gibt also hier eine objektive Realität, die man beweisen kann, sie ist da, äußerlich, in der Zeit und im Raum.

Die andere ist die innere Wirklichkeit, die Gefühle und die Qualität der Sinne, all das, was vom wissenschaftlichen Gewissen her als „nur subjektiv" abgelehnt wird. Das ganze Innenleben des Menschen gehört dazu. Für die Erforschung und Beurteilung dieser Seite unserer Wirklichkeit wird heute eine Unterscheidung immer wichtiger: die Unterscheidung zwischen tief und flach. Dieser Unterschied wird um so wichtiger, als man beginnt, Erfahrungen ernst zu nehmen, die über den Horizont der gewöhnlichen Gefühle hinausweisen.

Während es in den Wissenschaften das geben muß, was man den „consensus omnium" nennt, die notwendige Übereinstimmung aller über das erzielte Resultat und die Möglichkeit für jeden, es zu erkennen, steht es im Hinblick auf die Wirklichkeit des Menschen anders. Je tiefer die Wahrheit, um die es geht, desto kleiner der Kreis derer, die überhaupt noch verstehen, worum es sich handelt. Das betrifft heute alles, was sich auf das Wahrnehmen des uns immanenten Wesens bezieht.

A. G.: Erleben wir nicht gerade einen großen Umschwung? Möchte man nach der Eroberung des Weltraumes jetzt nicht auch die Transzendenz erobern? Hier ist große Begeisterung, aber totale Anarchie. Mit großem Schwung geht man daran, doch ohne klare Orientierung.

G. D.: Unsere Zeit beschäftigt sich mit zwei Arten von Transzendenz. Die erste betrifft außergewöhnliche Fähigkeiten, die dem Menschen erlauben, die normalen Grenzen dessen, was er kann, zu überschreiten, z. B. die Telepathie ... der sowjetische Materialismus wollte von all dem nichts wissen; aber seit dem Tag, an dem ein Offizier von seinem Unterseeboot aus mit einem Astronauten sprechen konnte, haben sich die Dinge geändert! Man ließ Experten für Telepathie kommen, um es zu erforschen. Beispielsweise weiß man heute, daß eine Hasenmutter, die sich in Amerika befindet, heftig geschüttelt wird, wenn man Tausende von Kilometern entfernt in Europa eines ihrer Kleinen tötet. Ebenso weiß man, daß die Pflanzen auf die geistige Haltung des Menschen, der sie pflegt oder nicht pflegt, reagieren. Man hat die Aura bestimmter Pflanzen fotografiert, die eine sehr lebendige Realität sind, empfänglich für die Liebe der Menschen, die sie umgeben. Man hat einen Apparat erfunden, der eine hörbare Stimme der Pflanze wiedergibt, die beispielsweise aufschreit, wenn in ihrer Nähe eine andere Pflanze abgebrochen wird.

Es gibt offenbar Zusammenhänge zwischen allem Lebendigen und übernatürlichen Fähigkeiten, die aber noch nichts mit dem inneren Weg zu tun haben. Hier handelt es sich um eine äußerliche Transzendenz, etwa, was den normalen Horizont, die gewöhnlichen Leistungsgrenzen des Menschen übersteigt. Er kann Dinge außerhalb des Normalen tun. Auch mit dem Gedächtnis hat man das versucht. So wird heute intensiv erforscht, welche Erfahrungen der Mensch bei seiner Geburt, im Mutterleib, im Augenblick seiner Empfängnis und im vergangenen Leben gemacht hat. Das alles aber sind höhere Leistungen aufgrund gesteigerter Fähigkeiten.

Das alles ist sehr interessant, hat aber nicht das geringste zu tun mit der zweiten Art von immanenter Transzendenz, die den göttlichen Urgrund des Menschen meint und von ihr her gesehen die Deifikation des Menschen im Auge hat, d. h. die Entwicklung des Menschen, der in der Welt zum Zeugen des göttlichen Seins wird.

Man spricht heute so viel von Bewußtseinserweiterung. Es ist so, als öffnete man einen riesigen Trichter zur Unendlichkeit, man öffnet ihn immer weiter und weiter: das erweiterte Bewußtsein... Aber ich habe den Eindruck, daß man auch die entgegengesetzte Bewegung machen müßte: mehr und mehr hinabsteigen in den tiefsten Grund des Trichters, wo vielleicht nichts mehr ist als ein schlagendes Herz, so klein wie ein Sandkorn. Und was hiermit gemeint ist, ist vielleicht wichtiger als alles, was die große Bewußtseinserweiterung uns bringen kann. „Eins aber ist not“, das ist ein Wort Jesu, das heute besondere Bedeutung gewinnt, wo der Mensch unaufhörlich versucht, ungewöhnliche Dinge zu tun. Man sollte nachdenken über die Begegnung Christi mit Martha und Maria. Als Martha, die „sich viel zu schaffen machte, um ihm zu dienen“, Jesus bat, ihrer Schwester zu sagen, daß sie ihr helfen solle, antwortet er ihr: „Martha, Martha, du hast viel Sorge und Mühe; eins aber ist not. Maria hat das gute Teil gewählt, das soll nicht von ihr genommen werden.“

Was ist aber dieses Eine, das not tut, anderes als die Treue zu der Erfahrung des uns immanenten Seins? Sie fragen mich, was mir das Recht gibt, von einer Erfahrung zu sprechen, die wir eine Erfahrung der Transzendenz nennen.

A. G.: Ja. Doch bereits Ihre Unterscheidung zwischen äußerer und innerer Transzendenz macht mir vieles klar! Die Fülle neuer Erfahrungen, von denen ich gesprochen habe, gehört wohl vor allem zu dieser äußeren Transzendenz, die auf der gegenständlichen Ebene der Entwicklung von Fähigkeiten bleibt und, anstatt den Menschen in seiner Ganzheit zu verwandeln, eher Gefahr läuft, ihn zu spalten. Es handelt sich also nicht um einen spirituellen Weg, sondern um ein Aufblähen des Welt-Ichs und dessen, was ihm gewöhnlich ist: Haben, Wissen, Können... Die innere Transzendenz, die aus uns neue Geschöpfe macht, ist von ganz anderer Art. Sie entgeht unseren Berechnungen und Maßgesetzen völlig. Ihre Koordinaten sind grundlegend anders; meine Frage ging um die Transzendenz, die niemand in den Griff bekommen kann: Wie kann man sagen, daß es sie gibt, in welcher Weise stellt sie sich dar?

G. D.: Zunächst muß man bestimmte Seinserfahrungen ernst nehmen. Sie sind von zweierlei Art: die kleinen Seinsfühlungen und die großen, alles umstürzenden und zugleich befreienden Erfahrungen. Inmitten irgendeiner Wirklichkeit dieser Welt können wir von einer Wirklichkeit berührt werden, die nichts mit dieser Welt zu tun hat; es ist eine andere Dimension, die den gewöhnlichen Horizont unseres Bewußtseins transzendiert. Wir sind mit einem Mal von innen ergriffen von etwas, das allem, was innen oder außen ist, der ganzen Stimmung unseres gegenwärtigen Zustands, eine besondere Qualität gibt, die man das „Numinose" nennt. Das sind besondere Augenblicke, in denen wir ein anderes Leben in unserem Innersten und in allem, was uns umgibt, erahnen können, das göttliche Sein. Das Gefühl, das uns in diesen Augenblicken erfüllt, kann faszinierend sein, befreiend oder erschreckend. Immer aber spürt man darin die Fülle des Seins, die uns zuinnerst reich macht und mit einem besonderen Lebensvertrauen erfüllt.

Um sich aber dieser jederzeit möglichen Erfahrung öffnen zu können, muß man zunächst eine bestimmte Haltung entwickeln, die die ganze Person bestimmt. In seinem für die Transzendenz offenen Bewußtsein begegnet der Mensch in allem nicht nur einem Gegenstand, sondern einem Wesen. Was auch der Inhalt einer Begegnung sein mag: ob es nur ein Farbfleck, ein Klang, ein Duft, irgendein Gegenstand ist, eine Landschaft, selbst ein abstrakter Begriff, immer kann sich der Mensch durch alles hindurch, was ihn berührt, angesprochen fühlen wie von einem Du. Alles, dem er begegnet, berührt ihn positiv oder negativ. Aber je mehr in dem die Welt Erlebenden das Wesen erwacht ist, um so mehr auch kann ihm das Wesen aller Dinge in allem und in jedem berühren, das Unsichtbare im Sichtbaren. Von da an sind Auge und Ohr des Sehenden und Hörenden zum Wahrnehmen einer anderen Tiefe verwandelt.

Es gibt vier Bereiche, in denen jeder einigermaßen aufgeschlossene Mensch, wenn nicht Seinserfahrungen, so doch Seinsfühlungen erlebt:

Die große Natur, die Kunst, die Erotik und kultische Handlungen. Es gibt wenige Menschen, die nicht einmal in ihrem Leben von der Natur ergriffen worden sind: das große Schweigen im Wald, das Rauschen des Meeres, ein Duft der Frühlingswiesen, das Wogen eines Kornfeldes, eine sternklare Nacht. Es gibt so viele Möglichkeiten, den gewohnten Horizont und die Grenzen des alltäglichen Bewußtseins zu überschreiten.

Jedes Kunstwerk gibt dem, der offene Augen und Ohren hat, etwas, das über den natürlichen Aspekt hinausgeht. Echte Kunst ist immer durchscheinend für das WESEN. Vielleicht hat jeder Mensch in der Musik einmal etwas gehört, wofür das Wort ‚schön' nicht mehr genügt. Vielleicht hat jeder sein Musikstück, sein Bild, seinen Raum, seine Landschaft, die ihn etwas besonders fühlen lassen...

Auch die Erotik ist etwas, was den Menschen in einen anderen Bereich heben kann. Die Sexualität hat immer mit dem Tod zu tun. Im Orgasmus stirbt der Mensch einen Augenblick, um wiederzukehren. Erotik und Sexualität sind ein Feld zur Erfahrung des Numinosen. Es gibt im Numinosen immer beides: das Wundersame und das Unheimliche. Rudolf Otto definiert in seinem Buch „Das Heilige" das Numinose als die Einheit von Fascinosum und Tremendum. Alle Erotik ist von diesem Zweifachen erfüllt. Da ist ein Erzittern an der Schwelle eines Todes und eben damit auch die Faszination eines anderen, größeren Lebens. Lebendige Erotik ist etwas anderes als grobe Geschlechtlichkeit; und doch gehört auch die animalische Geschlechtlichkeit in das Ganze der Erotik und zum Ganzen des Menschseins. Das Animalische und das Göttliche im Menschen berühren sich. Wer es wagt, einmal den Teufel anzunehmen und zu verschlingen, kann den Engel gebären. Ohne Erde kein Himmel.

Jede Teilnahme an einem Gottesdienst enthält die Chance einer numinosen Erfahrung. Was sich in der Gebärde des Kniens ausdrückt, kann auch durch sie hervorgerufen werden: die demütige Unterwerfung unter die Macht des Göttlichen. Die lebendige Teilnahme an einem Kult, welcher Religion es auch sei, kann zu einer Seinsfühlung führen. Jede Seinsfühlung setzt voraus, daß das Ich sich zurückgezogen hat. Dann aber tritt das Wesen auf den Plan. Meister Eckehart sagt, es genügt, die Tür zu öffnen, Gott steht immer davor und möchte eintreten, aber erst muß das Ich hinausgehen, denn es ist kein Platz für beide.

A. G.: ...Das ist die wahre Armut, in der das ganze Sein zum Gotteslob wird. Wenn das „kleine Ich" sich niederwirft, dann hebt Gott den Menschen auf, wie Meister Eckehart sagt. Gott wird zugleich der Ort, an dem er wirkt, und das Werk selbst. Es ist immer die gleiche Bewegung: Die Leere ruft die Fülle herbei…

G. D.: Sie erinnern mich an die Geschichte von dem Mann, der sagt: „Wissen Sie, ich habe die ganze Nacht gebetet. Ich habe mit aller Kraft versucht, die Tür einzudrücken, die mich von Gott trennte. Ich fühlte, daß er so nah war. Schließlich sank ich vor Müdigkeit mit der Klinke in der Hand zurück und mußte bemerken, daß die Türe nach innen aufgeht. Und Gott trat ein!"

A. G.: Die Kirchenväter sagten oft, daß unsere fünf Sinne die Türen seien, die sich zum Unsichtbaren öffnen könnten: deshalb haben sie in der Liturgie eine so große Bedeutung.

G. D.: Genauso ist es. Die durch die Sinne vermittelte Erfahrung des Lebens, das größer ist als wir, das, was in der sinnlichen Erfahrung die Grenzen alles Begrifflichen überschreitet, ist es, was den sinnlichen Qualitäten in allen Kulturen ihre Bedeutung verleiht. Seit Urzeiten spielen in allen Kulten Ton und Farbe eine entscheidende Rolle. Der Protestantismus hat den Frommen einen schlechten Dienst erwiesen, indem er alle Berührungen durch die Sinne aus seinem Kult vertrieb.

A. G.: Viele Geistliche, vor allem lutherische, lassen sich heute von der alten ostkirchlichen Liturgie des heiligen Johannes Chrysostomos anregen, weil sie sich an die anthropologische Ganzheit des Menschen richtet. Nicht nur der Intellekt muß gottähnlich werden, sondern die ganze menschliche Natur, Leib-Seele-Geist. Die Liturgie taucht sie buchstäblich in ein Bad göttlichen Lichts. Es ist ein Fest für alle Sinne. Sie sehen, fühlen, hören, schmecken und riechen den Leib des Herrn, der durch den Tod zum ewigen Leben kam.

G. D.: Ohne Zweifel. Die Sinne sind Gott näher als die Gedanken oder das rationale Bewußtsein. Die Sinne trügen nicht. Ihre Qualitäten sind, was sie sind, so und nicht anders, nicht mehr und nicht weniger. Ich zitiere bisweilen diesen Satz der Kirchenväter: Unsere fünf Sinne können offenen Türen sein zum Unsichtbaren hin. Das geschieht aber nur dann, wenn man beim sinnlichen Eindruck verharren und dem, was uns anrührt, zu erlauben, die Oberfläche unseres Bewußtseins zu durchdringen. Im Verweilen verschwindet die gegenständliche Distanz, und das Geschaute oder Gehörte wird Teil unseres innersten Selbst. Es ist ein Erwachen zur Transzendenz in Gestalt des Übersinnlichen im Sinnlichen.

Die Erfahrung einer sinnlichen Qualität ist etwas ganz anderes als ihr Begriff. Das Blau, das man sieht, ist nicht das Blau, das wir begrifflich vom Rot unterscheiden. Sobald man eine Qualität begrifflich fixiert, d. h. in eine Ordnung der Qualitäten einfügt, z. B. in ein Farbsystem einordnet, nimmt man sie nicht mehr unmittelbar wahr, sondern durch den Schleier eines Ordnungssystems. Wenn man eine Erfahrung begrifflich einordnet oder rational erklärt, distanziert man sich von ihr, die gegenwärtige Wirklichkeit ist nicht mehr die gleiche, das Leben verdorrt... Deshalb haben die Mystiker gesagt: Haben als hätte man nicht, sehen als sähe man nicht, hören als hörte man nicht, berühren als berührte man nicht, besitzen als besäße man nicht.

Die Faszination der sinnlichen Qualitäten, das Berühren, das Riechen, das Sehen, das Hören, der Geschmack, hat mich immer begleitet, heute auch besonders das Taktile, da ich mich in meiner Arbeit als Therapeut auch meiner Hände bediene. Ich nehme den Menschen, der zu mir kommt, gelgentlich auch in die Hand. Die Berührung der menschlichen Haut ist etwas Außerordentliches, besonders wenn man dabei nicht den Körper anfaßt, sondern den Menschen anrührt und in die Hand nimmt. So sage ich den Leibtherapeuten unter meinen Mitarbeitern: „Fassen Sie nicht einen Körper an, sondern nehmen Sie einen Menschen liebevoll in die Hand." So wird Massage zu personaler Leibtherapie, die auf dem Weg über die leibhafte Berührung dem Menschen hilft, sich selbst im Leib und als Leib wahrzunehmen. Die Hände eines Masseurs, der den Körper knetet, sind etwas anderes als die Hände eines personalen Leibtherapeuten, der seinen Klienten liebvoll in die Hand nimmt.

Im Mittelalter mußte man den Nebel der traditionellen Vorstellungen vom Körper durchdringen, um das unmittelbar Gegebene und Feststellbare zu erfahren. So entstanden die Erfahrungswissenschaften. Heute muß man wiederum einen Nebel durchdringen, den Nebel der Begriffe und ihrer Ordnungen, die es uns schwer machen, noch das unmittelbar Gegebene wahrzunehmen. Nüchtern war damals, wer zur Fähigkeit des rationalen

Denkens erwacht war, heute ist der nüchtern, der fähig ist, sich vom Nebel des Rationalen zu befreien und sich von den unmittelbaren Gaben seiner Sinne und seines Herzens bewegen zu lassen. Nur in dem Maß, wie wir fähig sind, uns dem zu öffnen, was unsere Innerlichkeit anrührt, können wir unserer tiefen Wahrheit begegnen, während der Rationalismus mit den Schultern zuckt und sagt: „Das ist nur subjektiv!"

Ich erinnere mich noch daran, wie ich einmal als Student protestierte, als der Professor sagte: „Der Ton ‚c' ist zweihundertsechsundfünfzig Schwingungen pro Sekunde." Ich sprang auf und rief: „Das können Sie so nicht sagen. Sie können mit Recht behaupten, daß irgendein Medium im Tempo von zweihundertsechsundfünfzig Schwingungen in der Sekunde schwingt, aber der Ton als solcher ist etwas ganz anderes."

„Erklären Sie das!"

„Der Ton ‚c' ist eine besondere Qualität, die sich vom Ton ‚d' unterscheidet, jeder Ton erweckt eine besondere Stimmung, die Sie persönlich berührt..."

„Ja, ich verstehe, aber das alles ist nur subjektiv, die objektive Realität, das sind die Wellen, das sind einzig und allein die Wellen..."

Ich erwiderte: „Aber ich lebe mit den Tönen, nicht mit diesen Schwingungen und Wellen."

In diesem Satz: „Das ist nur subjektiv", manifestiert sich die Größe und die Tragödie des abendländischen Geistes. Dank dieser Behauptung, daß es die Wellen sind, die die einzige Realität darstellen, hat sich die Naturwissenschaft, die Großtechnik entwickelt, wurden die Entdeckungen auf dem Gebiet der Medizin und der Physik gemacht, und all das macht die Größe der westlichen Zivilisation aus, die man allenthalben bewundert. Aber man hat die Innerlichkeit des Menschen geopfert; der Mensch als Subjekt ist „nur" etwas Subjektives... Indem man das sagt, hat man den Menschen in seiner Ganzheit aus den Augen verloren.

A. G.: Das Subjektive ist glücklicherweise nicht meßbar und entgeht so den Laboratorien der Wissenschaftler, was vielleicht zugleich ihre Ironie und ihre Geringschätzung des Subjektiven erklärt; aber für die Mystiker gib es keine realere Wirklichkeit als jene, die sie in ihrem Inneren empfinden; wird man sich der möglichen Tiefe der Sinne bewußt, enthüllt sich jede Empfindung als eine von der Ganzheitswirklichkeit untrennbare Realität; sie ist ein Ausdruck der Einheit all dessen, was man mit seinen Sinnen berührt, es ist die überall lebende Einheit des Göttlichen. Hierzu möchte ich das schöne Bild von Aurobindo zitieren, das ich sehr liebe; er sagt, daß jedes Gefühl wie eine Welle ist: Sie entsteht und vergeht, ist aber untrennbar verbunden mit dem unergründlichen Geheimnis des Ozeans; in der Welle konzentriert sich der ganze Ozean, sie ist ein von seiner Unendlichkeit untrennbarer Teil... wer „Augen hat zu sehen und Ohren hat zu hören", entdeckt das Unendliche im Endlichen der Dinge und die Ewigkeit in der vergänglichen Zeit.

G. D.: ...Es ist also immer das eine im anderen, und nicht das eine hier und das andere dort. Viele nach der Unreinheit suchende Menschen gehen auf lange Reisen und suchen die Ferne. Dies ist aber dann nur der raumzeitliche Ausdruck für die Sehnsucht nach dem Überraumzeitlichen. Überall, wo der Mensch dem Geheimnis des Lebens nachspürt, erweist er sich als einer, der zu mehr bestimmt ist, als das Glied einer rational organisierten Gesellschaft zu sein.

A. G.: Glücklich derjenige, der entdeckt hat, daß alles in ihm ist!

G. D.: Ja! Zunächst muß man sich des Seins im Dasein bewußt werden, sich seinem Ruf öffnen. Am Beginn der spirituellen Entwicklung steht diese Bewußtwerdung des ganz anderen in uns. Der wirkliche spirituelle Lehrer ist derjenige, der diese Wahrnehmung durch das Ernstnehmen bestimmter Erfahrungen, die man im Laufe eines Lebens gemacht hat, bewußt macht.

Vor einiger Zeit vertraute mir eine meiner Patientinnen, die ungefähr vierzig Jahre alt war, ihre Geschichte an. Im Laufe unserer Gespräche legte ich Gewicht auf ein Ereignis aus ihrer Kindheit, das ohne große Bedeutung zu sein schien. Aber ich ermutigte diese Frau, in ihren Erinnerungen zu kramen: „Sie gingen mit Ihrer Mutter in eine Kirche und waren sehr berührt von der außerordentlichen Vision der Sonnenstrahlen, die durch die Fenster fielen. Ihre Stimme hatte einen besonderen Klang, als Sie dieses Bild beschrieben. Versuchen Sie, sich zu erinnern, was hat Sie so besonders berührt?"

„Nichts“, antwortete sie, „es war sehr schön... warum diese Frage?“ Und plötzlich erhellte sich ihr Gesicht und sie schien das Ereignis wiederzuerleben: „Ja, ich erinnere mich. Es war eine unbeschreibliche Schönheit. Ich war erschüttert, wie in eine andere Welt versetzt, aber es dauerte nur einen Augenblick...“ Ich fühlte, daß diese Frau ihre Erfahrung ganz deutlich wiedererlebte. „Ich war umgeben von Frieden, Licht, Sicherheit...“ Dann fragte sie: „Muß man diese Erinnerung ernst nehmen?“

„Ja! Das ist sehr wichtig. Versuchen Sie weiter in Ihrer Erinnerung zu forschen, vielleicht haben Sie andere, ähnliche Augenblicke erlebt?“

Wir sahen uns am nächsten Tag wieder; meine Klientin hatte wieder diesen von einem inneren Schauen erhellten Blick, und sie fuhr fort: „Zweimal wurde ich noch von einem seltsamen, fast unbeschreiblichen Gefühl ergriffen... Es war während eines Spaziergangs im Wald, nachdem es geregnet hatte. Ich blieb stehen, angezogen von einem Sonnenstrahl, der auf dem Moos lag. Plötzlich geschah folgendes: Ich war Teil des Mooses, und in einem Augenblick durchfuhr mich ein Blitz... Ich erschauerte, und dann erfüllte mich Frieden... In mir und um mich war Licht und heitere Ruhe. Ein leises Gespräch riß mich aus meiner Versenkung.“

„Und das zweite Mal?“

„Oh, ich erinnere mich sehr gut daran. Ich saß in einer Straßenbahn, mir gegenüber sah mich eine alte Dame an... und plötzlich versank ihr Blick in meinem, ging durch mich hindurch bis in die Tiefe meines Seins. Plötzlich war ich nicht mehr im Schatten, sondern im Licht. Ich fühlte mich gestärkt, geeint, es schien mir, als würde ich nie mehr Angst haben...“

„Was haben diese drei Ereignisse für Sie gemeinsam?“

„Ich habe jedes Mal das gleiche empfunden.“

Mit einem Mal hatte ich eine strahlende Frau vor mir. Sie sagte mir mit tiefer Stimme: „Jetzt weiß ich, was Sie mir zu verstehen geben wollten...“ Diese Frau wurde verwandelt. Für sie begann ein neues Leben. Durch die Entdeckung des Sinnes der drei Erfahrungen, die zugleich identisch und außergewöhnlich waren, hatte sie in sich die Gegenwart der großen Wirklichkeit erkannt, die die kleine Realität durchdringt und belebt. Diese Bewußtwerdung verwandelt unser ganzes Sein von Grund auf von dem Augenblick an, da wir uns ihr öffnen.

A. G.: Wir alle machen diese Erfahrungen, die wirkliche Möglichkeiten sind, das Alltägliche zu verwandeln, aber wir achten nicht darauf, weil wir nicht daran gewöhnt sind, auf die innere Stimme zu hören. „Höre Israel...!" ruft Gott unaufhörlich in der ganzen Bibel.

G. D.: Zum Hören bereit sein! Das innere Hören ist der erste Sinn, der auf dem Wege zur Transparenz für die immanente Transzendenz entwickelt werden muß. Man muß lernen, die eigene Innerlichkeit in der Tiefe zu vernehmen und die hier wahrgenommene Stimmungsqualität darauf auch im Alltag immer wieder aufs neue zu entdecken.

A. G.: ... und sie wirklich leben, nicht nur versuchen, zu verstehen, zu erklären oder zu interpretieren.

G. D.: Das ist die Bedingung, unter der allein es beginnt, uns zu verwandeln. Alle Gaben, alle Sinne müssen sich verfeinern, vom Grobstofflichen zum Feinstofflichen hin. Wie der Gourmand die Möglichkeit hat, Gourmet zu werden, so kann der physische Körper über sich hinausgelangen, indem der Mensch sich dem Ätherleib öffnet. Die Möglichkeit, sich in der Ganzheit seines Leibes zu erfahren, wird erleichtert durch die Fähigkeit, sich selbst in seiner Feinstofflichkeit zu spüren. Wenn, im Bild gesprochen, der grobstoffliche Körper aus großen Wellen besteht, so der feinstoffliche in den großen aus kleinen Wellen, die über den Körper hinausschwingen, so daß der Mensch, der für seine Feinstofflichkeit erwacht ist, sich nur dann in seiner Haut wohl fühlt, wenn er nicht auf seine körperliche Haut begrenzt bleibt und dann kraft seiner Aura die ihm zukommende Strahlung gewinnt. Anders gesagt: Die sinnlichen Qualitäten gehen von der Oberfläche in die Tiefe. Das Wort Tiefe bedeutet etwas ganz anderes als Intensität; tief ist immer, was den Menschen in seiner ganzen Person trifft; je mehr sein ganzes Sein betroffen ist, um so tiefer sind seine Empfindungen. Je oberflächlicher Empfindungen sind, desto mehr ist er nur mit einem Teil seines Selbst beteiligt. Mit der Tiefe der Erfahrung steht das Sein auf dem Spiel. Es fordert den ganzen Menschen und gibt ihm seine wahre Verantwortlichkeit.

A. G.: Was meinen Sie genau?

G. D.: In der Erotik kann man überwältigt werden von sehr intensiven Gefühlen, die aber ohne wahre Tiefe sind. Ein hauchzartes Streicheln jedoch, eine kaum wahrnehmbare Berührung der Haut, kann einen gleichsam einen überweltlichen Schauder spüren lassen.

Es gibt keine Seinserfahrung, die diese Qualitäten des Numinosen nicht hat. Wie Sie sehen, handelt es sich in der Erfahrung des Numinosen nicht um einen Superlativ, um etwas besonders Schönes, besonders Gutes, besonders Angenehmes. Man gelangt vielmehr in eine andere Dimension, die von der gewöhnlichen so verschieden ist wie ein Ton von einer Farbe.

Man begibt sich nicht auf den Weg zur Transparenz, zur Durchlässigkeit, ohne großen Hindernissen zu begegnen. Das größte Hindernis gegenüber dem göttlichen Sein, welches Leben, schöpferische Dynamik ist, ist alles Statische, alles, was sich der Veränderung und der Entwicklung entgegensetzt. Es ist das Welt-Ich, dessen Grundanliegen ist, in der Welt zu bestehen und seine Position, was auch immer diese sei, zu wahren, und dessen Bewußtsein das feststellende Bewußtsein ist. Wirklichkeit hat dann nur, was fest-steht. Das alles steht dem Werden zur Person entgegen. Diese Vorherrschaft des Statischen im Welt-Ich muß überwunden werden. Davon hängt die ganze Entwicklung des Menschen ab. Nur wenn man sich zu dieser Verwandlung erzieht, lernt man auch zu leiden, das heißt das Leiden nicht nur negativ zu sehen. So sehr das selbstgefällige Ich sich weigert, zu leiden, so sehr lernt man auf dem inneren Weg, das Leiden als Chance zu betrachten, eben dieses Ich zu überwinden. Wer mit dem göttlichen Sein verbunden ist, weiß, daß in allen Dunkelheiten auch ein Licht verborgen sein kann.

A. G.: Immer gehören Schatten und Licht zusammen. Die Mutter, Gefährtin Aurobindos, sagt ihren Schülern immer wieder:

„Wenn ihr einen sehr dichten und tiefen Schatten entdeckt, so seid sicher, daß irgendwo in euch ein großes Licht ist. An euch liegt es, sich des einen zu bedienen, um das andere zu verwirklichen."

„Das ist die dunkle Hälfte der Wahrheit", fügt Aurobindo hinzu. Im Fernen Osten ist dieses Motiv wohlbekannt: Inmitten all unserer Finsternis ist eine Sonne, im Herzen unserer Übel ist ein ihnen entgegengesetztes Geheimnis, jedes noch so Dunkle, selbst der lächerlichste Irrtum, enthält „Abgründe von Wahrheit“. Es geht einzig darum, vom einen zum anderen zu gelangen, und alle Yogi bemühen sich darum. Im Christentum nimmt dieser Übergang, dieses „Pfingsten“ die Form des Kreuzes an, aber – das hat man im Westen manchmal ganz vergessen – des verwandelten Kreuzes. Das freiwillige Annehmen des Todes führt zur Auferstehung. Beides ist untrennbar.

G. D.: Alle initiatischen Traditionen sprechen davon, die Erfahrung des Seins setzt ein Sterben im Dasein voraus. Nur der ist fähig, vom Leben zu sprechen, Leben zu geben und das Leben zu lehren, der etwas vom Teufel weiß und eine gewisse Erfahrung von ihm hat. Sterben bedeutet alle Tode unseres täglichen Lebens: so jeder Verlust, den man annimmt, jede Verbindung, die zerreißt oder die man zerreißen muß, jeder freiwillige oder auferlegte Verzicht und tausend andere Dinge. Das gehört zur Askese, zur großen Disziplin, der Grundlage zur Entwicklung zum initianischen Weg.

V.

Vom Tod zum Leben: Der Durchbruch zum Sein

Graf Dürckheim: Die Erfahrung des Numinosen können kleine Fühlungen, Funken oder leichte Berührungen bleiben, während die große Erfahrung des Seins eine völlige Wende des Menschen bewirkt. Die alte Welt bricht zusammen, und eine neue Welt beginnt in ihm zu erstehen.

Es gibt frühe Erfahrungen des Numinosen. Immer wieder kommen Berichte, die so anfangen: „Als ich sechs Jahre alt war... ich saß auf einer Wiese, ich hörte die Mücken summen und sah die Blumen um mich herum...", und dann kommt die Schilderung einer Situation, die gekennzeichnet ist durch das Erfülltsein vom Numinosen. Menschen, die solche Erinnerungen haben, haben eine besondere Chance, auch im Lauf ihres weiteren Lebens Seinsfühlungen zu haben, ja, mehr noch, zu einem bleibenden Innesein des Seins zu gelangen. Es gibt aber auch beim Kind die Anziehungskraft der dunklen Transzendenz, so, wenn es beispielsweise auf den dunklen Speicher geht, um das Gruseln zu erleben. Heranwachsende verlaufen sich gerne im Wald, um voller Neugier etwas zu erfahren, was sie zugleich ängstigt und anzieht.

Auch Erwachsene suchen bisweilen gefährliche Situationen. Der Kühne, z.B. der Rennfahrer oder der Alpinist, ist der, der die Nähe der Vernichtung aufsucht, um das Unvernichtbare zu spüren. In der Vernichtungskraft des Zerstörenden liegt die Vorahnung der Erfahrung eines Unzerstörbaren.

Ich kenne ein junges Mädchen, das Tabletten genommen hatte, um sich das Leben zu nehmen. Sie wurde gerettet, aber sie sagte mir eines Tages: „Ich werde es wieder tun."

„Warum?"

„Der Augenblick, nachdem ich die Tabletten genommen hatte, war so schön, man ist in einer solchen Freiheit, daß es sich gelohnt hat! Es war schöner als das ganze Leben, das ich vorher hatte, und ich werde es wieder tun!"

Jemand anders hat mir das gleiche erzählt. Nach dem Tod ihres Mannes fand eine Frau ihr Leben so absurd, daß sie sich eine Revolverkugel ins Herz schoß ... Sie traf nicht ganz... Vier Stunden lag sie im Koma... Später sagte sie mir:

„Sie können sich nicht vorstellen, welche Freude ich in diesem Augenblick erlebt habe, es ist unerhört! Als ich dann gerettet war, war das Schöne verschwunden."

Es gibt also an der Schwelle des Todes Augenblicke, in denen Menschen – und ich habe viele von ihnen gekannt – etwas empfinden, das sie von diesem Augenblick an als ihren geheimen Schatz in sich tragen.

Es ist bekannt, daß Menschen, die in schwerer Krankheit dem Sterben nah und in Todesangst sind, wenn sie endlich loslassen und sich dreingeben, also den möglichen Tod annehmen, mit diesem Loslassen den heilen Kräften der Tiefe Raum geben und völlig unerwartet wieder gesunden.

Alphonse Goettmann: Diese Freude, diese Erneuerung, sind sie die Folge des Loslassens?

G. D.: Ja. Doch Loslassen bedeutet immer auch Zulassen von etwas Anderem, und wenn der Mensch losläßt, was ihn am kleinen Leben hält, läßt er das Große Leben zu, das auf ihn wartet. Das verhärtete Ich, die Kruste, die uns vom Göttlichen trennt, ist dann nicht mehr da. Aber nur auf dem Hintergrund der erfahrenen Blockade kann der Augenblick ihres Verschwindens zur Erfahrung dessen werden, dem sie im Wege stand. Das darf man nie vergessen. Die Entdeckung des rechten Weges hat die schmerzliche Erfahrung des Irrweges zur Voraussetzung, die Entdeckung des Wesens, das Verlorensein im Ich. Jede Dunkelheit ist ein verhindertes Licht. Im Evangelium des Johannes heißt es: „Das Licht scheint in der Finsternis, und die Finsternis hat's nicht begriffen" (Joh. I, 5). Diese Erkenntnis gilt auch für das Leiden.

Es gibt zweierlei Leiden: Für das eine bedeutet Heilen Wiederherstellen der psycho-physischen Gesundheit und Wiedergewinnung eines im weltlichen Sinne „guten" Lebens. Das andere

Leiden meint ein Abgeschnittensein vom Heil, und Heilen meint dann Wiederhinführung auf den Weg des Heils, das heißt auf den initiatischen Weg. Je weiter der Mensch auf diesem Weg voranschreitet, um so mehr nähert sich der Erfahrung jener Wirklichkeit des überweltlichen Seins, das jenseits der Gegensätze ist, auch jenseits des für den natürlichen Menschen bestehenden Gegensatzes von Leben und Tod.

A. G.: Zu der alle Menschen Zugang haben sollten, denn alle Menschen leiden, ja „die ganze Schöpfung seufzt", wie Paulus sagt. In dem Augenblick, da Christus am Kreuz starb, zerriß der Vorhang im Tempel, und die Menschen, die bis zu diesem Augenblick in das Universum der Gegensätze gebannt waren, kamen plötzlich mit dem Allerheiligsten in Berührung und konnten die unfaßbare Freiheit, zu der sie von nun an bestimmt waren, erahnen. Aber das Leiden mußte enthüllt und der Abgrund des Todes überschritten werden, damit die Todesnacht zu Licht werde. Es ist das verlorene und wiedergefundene Geheimnis aller Traditionen, von denen eine der ersten die der vedischen Rishis gewesen sein muß, die schon versuchten, das zu machen, was sie „die große Überfahrt" zur Entdeckung des „ungebrochenen Lichtes" nannten. „Nacht und Tag", sagten sie, „sind zwei Schwestern mit dem gleichen Geliebten, der Sonne..." Können wir in die Nacht unserer Leiden nicht ein wenig weiter eindringen, um die Morgenröte des neuen Tages, der uns erwartet, zu erahnen?

G. D.: Das ist es: Je mehr man in die Nacht eines Leidens eindringt, desto mehr kann man dabei an die Schwelle der Erfahrung unseres Grundleidens, des Abgeschnittenseins vom allheilenden Wesen, herankommen. Immer wieder müssen wir uns daran erinnern: Es gibt die drei großen Nöte des Menschen: die Angst vor der Vernichtung, die Verzweiflung am Widersinn und die Trostlosigkeit des Einsamen. Es sind dies die drei Weisen des Unannehmbaren. Wenn aber der Mensch – und das gehört zum initiatischen Weg – einmal in der Lage ist, das Unannehmbare anzunehmen, dann kann er im Augenblick der größten Schwäche eine bislang unbekannte Kraft, im Augenblick verzweifelter Dunkelheit ein unbekanntes Licht und im Augenblick untragbarer Ungeborgenheit große Geborgenheit in einer unendlichen Liebe erfahren. Jedesmal ist es dann eine echte Erfahrung des überweltlichen Seins.

Wenn Sie mich also fragen, was es mir erlaubt, von der Erfahrung einer anderen Wirklichkeit zu sprechen, so sage ich Ihnen: „Kann es eine größere Wirklichkeit für uns Menschen geben als jene, die uns von Angst, Verzweiflung und Traurigkeit befreien kann, in welcher Situation wir uns auch befinden mögen?" Es ist die Erfahrung des Übertritts in einen anderen Bereich. Aber man muß wissen, daß eine Erfahrung der Erweckung für eine andere Wirklichkeit noch keinen Erweckten macht... Ich bin Menschen begegnet, die viele solche Erfahrungen gemacht haben, aber noch weit davon entfernt sind, wirklich auf dem Weg zu sein. Für die Verwandlung bedarf es immer wieder erneuter Übung...

Zu jeder echten Seinserfahrung gehört das Erlebnis einer Verheißung, der Verheißung eines neuen Lebens, aber auch die Geburt eines neuen Gewissens: der Auftrag, so zu werden, daß man mit dem, das man für einen Augenblick erfahren durfte, in einem dauernden Kontakt bleibt. Es gibt dreierlei Arten von Gewissen: das kindliche, das im wesentlichen in der Angst vor Strafe besteht; das zweite Gewissen ist das Gewissen des Menschen als Glied seiner Gemeinschaft; er hört seine Stimme, wo er den Erwartungen der Gemeinschaft nicht entspricht. Das dritte ist das absolute Gewissen, das auch im Widerspruch stehen kann zu dem, was die Gemeinschaft von uns erwartet.

Ein Geschenk echter Seinserfahrung kann sein, daß der Mensch hellfühlig geworden ist für die Qualität des Numinosen. Auch die unscheinbarsten Dinge können dann im Glanz des Numinosen erstrahlen. Zu einer Seinserfahrung gehört in der Regel aber auch das Auftauchen des Widersachers, so seltsam es klingen mag. Je eindeutiger der Mensch entschlossen ist, aufzubrechen zu einem übernatürlichen Leben, um so gewisser tauchen Gegenkräfte auf. Das ist eine Erfahrung, die nicht rational erklärbar ist. Es handelt sich nicht um eine psychologische Kompensation einer lichten durch eine dunkle Qualität, denn die Störung des den Menschen erfüllenden Glücksgefühles kommt nicht von innen, sondern von außen. Die Seinsgestimmtheit wird zerstört durch etwas, das von außen kommt: eine unerwartet häßliche Begegnung, ein böser Brief, ein körperlicher Unfall, eine schlechte Nachricht, etc.

Es ist, als wäre ein braver Mensch, der das Böse aus Angst vor Schuld meidet und die Hölle fürchtet, ohnehin in den Händen des Teufels; der aber, der, vom Sein berührt, anfängt vom Göttlichen getragen und befreit zu werden, wird alsbald vom Teufel gesucht und verfolgt, um ihn an einem gottbezogenen Leben zu hindern. Es ist auch kein Zufall, daß erst in dem Augenblick, in dem auch die westliche Menschheit in unseren Jahrzehnten auf breiter Front sich auf den inneren Weg zu begeben begann, die Droge auf den Markt kam – der Gegenzug des Widersachers auf die in unserer Generation neu erfahrenen Anziehungskraft des Göttlichen: Drogenerfahrung, die nach zerstörender Wiederholung verlangt, im Unterschied zur echten Seinserfahrung, die in einem neuen Gewissen den Menschen auf den inneren Weg bringt.

A. G.: Das neue, in einer Seinserfahrung geborene Bewußtsein des Lebens ist also sehr gefährdet und verletzlich, unaufhörlich ein Spielball dunkler Mächte, wie ein Korken auf dem Wasser. Alles verändert sich, sobald der Anker in die Tiefen des Geistes, der uns innewohnt, geworfen ist: Wer in der großen Zerstreuung seines Lebens dahintrieb, wird ein Berufener, und der entschlossene Berufene wird ein Sucher. Für ihn gibt es nur eine wirkliche Arbeit, und die besteht darin, die Wahrheit seines Wesens zu verwirklichen. Alles andere ist nur ein Mittel dazu.

G. D.: Der Motor allen Suchens ist das jeweils Gesuchte. In allem Suchen ist das Gesuchte als Antrieb gegenwärtig. Der Mensch könnte und würde das Göttliche nicht suchen wollen, wenn es nicht in ihm selbst verborgen wäre. Heute sind viele Suchende unterwegs, darunter auch viele, die noch keine Erfahrung gemacht haben. Sie wissen nicht, was sie suchen, aber sie werden von Sehnsucht heimgesucht, von dem Wunsch, etwas wiederzufinden, was sie verloren haben. Viele richten ihre Suche auf ein Wunder oder die Begegnung mit dem Wunderbaren. Aber – was ist im Grund nicht wunderbar?! Die einfache Tatsache, daß die Dinge existieren, daß eine Farbe eine Farbe ist, daß ein Ton ein Ton ist... Warum sollte das alles nicht wunderbar sein? Ist es nicht mehr wunderbar, weil es jeder kennt? Und warum ist nur dann etwas wunderbar, wenn es die Grenzen des Bekannten überschreitet?

A. G.: Müßten wir nicht hier unsere Art zu schauen verändern?

G. D.: „Wer anders, d. h. in anderer Weise sieht, sieht anderes." „Wär' nicht das Auge sonnenhaft, nie könnt' die Sonne es erblikken / Wär' nicht in uns des Gottes Kraft, wie könnt' uns Göttliches entzücken?" (J. W. Goethe).

Die Suche nach dem großen Unbekannten hat den Menschen von jeher bewegt. Sie hat ihn auf dieser Suche meist erst einmal in die Ferne getrieben. Immer war die Jugend bewegt von der Sehnsucht, in ferne Länder zu reisen. Außer der natürlichen Begierde, Neues kennenzulernen, war und ist in diesem Trieb der eigentliche Antrieb die unbewußte Suche nach dem Schatz im Inneren. So ist es auch heute.

A. G.: Man kauft die Fähigkeiten und verrät den Menschen. Die Judasse haben immer ihr Geschäft gemacht, die Fakire nicht weniger... Aber leben fordert einen anderen Preis. Wer sich berufen fühlt, begibt sich auf den Weg. Er weiß, daß ein paar Dollar und ein bißchen Freiheit ihn nicht davon abbringen können.

G. D.: Nicht selten ist auch die Verwechslung maximaler Leistungen in der äußeren Welt mit einem fruchtbaren Bemühen um inneren Fortschritt. Wissen, wie man etwas macht, bedeutet noch nicht den Fortschritt auf dem inneren Weg. Aber für den, der auf dem inneren Weg ist, kann auch eine Höchstleistung in der äußeren Welt innere Frucht bringen. Voraussetzung jedoch ist, daß er die Zucht der strengen Disziplin einer ständigen Arbeit an sich selbst auf sich nimmt. Einmal wird er dann entdekken, daß, wie ein weiser japanischer Satz sagt, jede Situation die beste aller Gelegenheiten ist, sich auf dem Weg des Seins zu bewähren.

A. G.: „Die Pforte ist eng und der Weg ist schmal, der zum Leben führt und wenige sind ihrer, die ihn finden", sagt Jesus. „Wer nicht sein Kreuz auf sich nimmt und mir nachfolgt, ist mein nicht wert...". Nur die sind es, die „ihre Netze verlassen" und alles auf eine Karte setzen! „Wer sein Leben erhalten will, der wird es verlieren, wer aber sein Leben verliert um meinetwillen, der wird es erhalten."... Das ist auch eines der großen Leitmotive des „Integralen Yoga" bei Aurobindo. „Wirkliche, völlige und restlose Selbsthingabe, erbarmungsloses Auslöschen des Ego. Aus dem ganzen Leben den Altar dieses Opfers machen, das bringt die große Bewegung der göttlichen Freude hervor..."

Der Mensch ist am Kreuzweg, und seine Wahl ist um so schwerer, als der Fürst der Finsternis sich mit Licht bekleidet... So muß die Erfahrung immer mit Urteilskraft verbunden sein, sonst könnte das, was man für den Sinn des Lebens hält, ein Un-Sinn sein, der Weg ein schwarzer Abgrund. Anders gesagt, darf es keine Erfahrung ohne Kritik geben; die Menschwerdung wäre nichts als ein Abstieg in die Hölle, wenn es Pfingsten nicht gäbe...

G. D.: Es geht um den Sinn des Lebens. Wenn man die Frage stellt, was der Sinn des Lebens ist, wird der eine dieses sagen, der andere jenes. Gelegentlich eines Vortrages in München vor einem großen Auditorium unterbrach ich einmal meine Rede und stellte die Frage an meine Zuhörer: „Meine Damen und Herren! Halten wir einen Augenblick inne, um uns zu fragen, was der Sinn des Lebens ist. Jeder möge sich die Frage selbst beantworten." Ich schwieg, und es war eine Weile still. Dann fuhr ich fort: „Ich bin sicher, daß viele von Ihnen gedacht haben: Man kann doch nicht so einfach nach dem Sinn des Lebens fragen. Die Antwort ist doch für jeden verschieden. Für jeden stellt sich die Frage anders, je nachdem, in welcher Lebensphase er sich befindet." Für den einen ist es ein glückliches Alter, für den anderen, Kinder zu haben, ein dritter möchte gerne einen Beruf ausüben, der ihm gefällt, wieder ein anderer wünschte sich einen guten Tod, und was da sonst noch sein mag... Es gibt so viele Antworten auf diese Frage, wie es Menschen gibt.

Und doch gibt es eine Antwort, die für alle gültig ist: Wer wirklich vom Sein gekostet hat, weiß ein für allemal, daß der Sinn des menschlichen Lebens in nichts anderem besteht als darin. Zeuge des Göttlichen in der Welt zu werden.

Ist es nicht der Sinn aller Religionen, dem Menschen zur Erfahrung des Seins zu verhelfen und zu einem Leben, das davon Zeugnis gibt? Dorthin zielt auch ganz unbewußt die Sehnsucht aller Menschen nach einem Leben, das, weil es im Sein verwurzelt ist, die Angst vor einem Ende, einer Sinnlosigkeit und einer Einsamkeit des Daseins nicht mehr kennt. Aber wenn das das menschliche Dasein beherrschende eigenständige Ich nach langer Übung oder durch ein unvermutetes Geschenk der Gnade in seiner Herrschaftsstellung gebrochen ist, dann kann ein neues Leben beginnen, in dem die Leiden und Schwächen des Menschen zu Wegweisern in ein neues Land werden.

A. G.: Wie wunderbar! Die drei Leiden rühren also von einer Abwesenheit des göttlichen Seins her, und wenn dieses sich auf dem Höhepunkt des dreifachen Leidens offenbart, enthüllt es zugleich seine dreifache Identität: die Fülle der Kraft, die Fülle des Sinns und die Fülle der Liebe...

G. D.: Ja! Schöpferische Fülle, Licht des universalen Gesetzes, das alle Dinge ordnet, ihnen Form und Sinn gibt, Einheit, die alles wieder in Harmonie bringt, universelle Liebe. Aber all das wäre nur Theorie, wenn es sich nicht auf drei Erfahrungen des Menschen gründete: Schon als Welt-Ich macht er die Erfahrung der Kraft, der schöpferischen Kraft, die er in sich selbst fühlt, etwas, das ihn im biologischen Sinn trägt und wachsen läßt, das ihn fähig macht, zu arbeiten, zu kämpfen; er versucht, sie sich in seiner Gesundheit zu erhalten und sie wiederzufinden, wenn er krank ist... Anders gesagt: ein großer Teil des menschlichen Lebens dreht sich um diese Kraft, gründend auf dem élan vital, den der Mensch in sich fühlt und den er mit Bewußtsein leben sollte. Jemand, der dieses „Ja" zum Leben verloren hat, ist sehr schwer zu heilen. Es ist die Kraft aus dem Sein in der Sprache der Vitalität.

So manifestiert sich der Aspekt der schöpferischen Fülle in der Welt durch eine Lebenskraft, die aber völlig verschieden sein kann, je nachdem, ob sie als physische Kraft des Welt-Ichs oder als metaphysische Kraft aus dem Wesen erfahren wird. Wenn wir mit dem überweltlichen Wesen verbunden sind, erfahren wir die Kraft aus dem Sein bisweilen gerade dann, wenn wir schwach sind; „Gott ist stark in den Schwachen", sagt die Bibel.

A. G.: Was Sie sagen, erinnert mich an ein Fernsehinterview, das mich sehr berührte. Es war ein Gedankenaustausch zwischen verschiedenen Personen, die an Krebs litten; ihre außerordentliche, heitere Gelassenheit war sehr beeindruckend... Das zeigt doch, daß das Überweltliche nicht irgendwo anders oder nur nach dem Tod, sondern schon jetzt in unserem tiefsten Inneren ist; die einzige Bedingung, es zu erfahren, ist das Annehmen in völligem Vertrauen; es läßt die uneinnehmbare Festung zusammenbrechen, in der sich das kleine Ich verschanzt hat…

G. D.: … Ja, das Annehmen ist der Schlüssel, der die Tür zum großen Leben öffnet, und ebenso ist es mit den beiden anderen Aspekten des Seins.

Das universelle Gesetz, der zweite Aspekt, kommt – beispielsweise – in jeder Pflanze zum Ausdruck, in allem, was lebt, in jener Energie, die das Lebewesen treibt, die Gestalt zu werden, die der Sinn seines Wachstums ist, d. h., daß es sich gemäß „seines Wegs, seiner Wahrheit und seines Lebens" entwickeln kann, wie wir schon sagten. Man selbst werden, seine einzigartige und besondere Daseinsform verwirklichen, ine eine Verfassung gelangen, in der man unter allen Umständen man selbst bleibt – das ist es, was der Mensch sucht und ohne das er aufhört, Mensch zu sein. Für ihm manifestiert sich in seiner Gestalt das allem Sinn gebende universale Gesetz. Hier werden wiederum die beiden Ebenen sichtbar: die raumzeitlich bedingte, von unseren Trieben erfüllte und unserer Ratio beherrschte, und demgegenüber die Ebene des Wesens, auf der der Mensch das Licht eines höheren Sinnes erfährt, auch dort, wo seine Triebe unerfüllt bleiben und sein rationales Verständnis am Ende ist. Wenn er mitten in der Finsternis der Sinnlosigkeit verloren, zerrissen von absurden Situationen, fähig ist, das Unannehmbare anzunehmen, kann er die Erfahrung eines anderen Lebens machen, und mitten im Leiden an einer sinnwidrigen Situation leuchtet das Licht eines höheren Sinnes auf.

Der dritte Aspekt, die Einheit des Seins, offenbart sich in der gleichen Haltung des Annehmens eines Unannehmbaren. Das Sein als allverbindende Einheit manifestiert sich als Liebe. Das Welt-Ich sucht sie immer, aber in seiner Weise in der Welt. Aber allen Liebesbeziehungen der Welt droht ein Ende. Dann aber gerade kann aus der Trauer des Vereinsamten aus dem Wesen heraus das Glück der Geborgenheit im Sein erfahren werden.

A. G.: Wenn man die äußerste Grenze des Welt-Ichs berührt und in den Abgrund der drei Leiden geworfen ist, geschieht es, daß man die Widerstände durchbricht und Ströme lebendigen

Wassers freiwerden ... Aber es ist auch wichtig, ungeachtet dieser großen Erschütterungen, das Rauschen dieses Wassers in den kleinen Dingen des alltäglichen Lebens hören zu lernen ...

G. D.: Der Ton des göttlichen Seins ertönt immer. Die Frage ist, wie weit wir, gleich einem Instrument, so gestimmt sind, daß er in uns widertönen kann. Die Gelegenheit, die Erfahrung zu machen, ist also in jedem Augenblick da. Es gibt keinen Moment im Leben, wo uns der Blitz des göttlichen Seins nicht durchzucken könnte.

A. G.: Man kann seine eigenen Melodien spielen oder die des wahren Seins. Wer seiner eigenen Melodie zu sterben vermag, gerät in Resonanz des wahren Seins ... Das Annehmen ist das wichtigste ...

G. D.: Annehmen, das heißt, „seinen Tod leben!" „Living your dying"* ist auch der Titel eines Buches meines alten amerikanischen Freundes Stanley Keleman, des Mitbegründers der Bioenergetik. Er sagt, daß man im Laufe seiner ganzen Existenz kleine Tode erlebt, die man akzeptieren muß, und daß so das „Loslassen" eine Haltung wird, zur zweiten Natur. Das Leiden zu vermeiden oder zu bekämpfen ist natürlich. Aber wenn es da ist, geht es darum, es zu akzeptieren, um daraus etwas zu schöpfen, was jenseits des Leidens liegt.

So erging es einer Frau, die ich gut kenne und der kürzlich die linke Brust amputiert wurde. Sie hat schon ihre Mutter und ihre Schwester durch dieselbe Krankheit verloren und schaut voller Ungewißheit in die Zukunft ... Nach der Operation sagte sie zu mir: „Jetzt geht es nicht darum, wie viele Jahre ich noch leben werde, sondern darum, *wie* ich leben werde."

Man muß die Niederlage annehmen. Sie annehmen und nicht so tun, als sei nichts geschehen. Man muß den Widerstand überwinden, den man in sich hat, eine Art von Bescheidenheit gegenüber den Mächten, die stärker sind als wir ... So bekämpften sich zwei japanische Ritter mit dem Speer. Während des Kampfes stieß der eine den anderen vom Pferd, und dessen Speer

---

* Ins Deutsche übersetzt durch Dr. Wolf-E. Büntig.

rollte davon. Der Sieger stieg vom Pferd; aber anstatt sein Opfer zu töten, spreizte er die Beine und befahl ihm – welche Demütigung! – darunter hindurchzukriechen. Der Besiegte tat es ohne Zögern; da hob der Sieger den Speer seines besiegten Gegners auf, gab ihn ihm zurück, half ihm auf und sagte: „Der wahre Sieger bist du, denn ich weiß nicht, ob ich das vermocht hätte!"

A. G.: Sobald man vom Annehmen spricht, protestieren die meisten Leute lautstark. Sie verwechseln Annahme mit einer jahrhundertelang gepredigten Resignation und fühlen intuitiv, daß sie einer wahrhaft menschlichen Haltung ganz zuwiderläuft.

G. D.: Die Resignation und der Heroismus sind zwei Ausdrucksweisen des Welt-Ichs. Annehmen... ja, resignieren... nein! Wir müssen sogar lernen, das Dunkle in uns selbst anzunehmen. Ich erinnere mich an einen Heiligen, der in der Nähe von Paris lebte: Pater Gregor, ein orthodoxer Eremit. Er hatte eine wunderbare Ikone gemalt: Christus umarmt Adam in der Hölle. Ich fragte ihn: „Mein Vater, was bedeutet diese Ikone für Sie?" Und er sagte mir: „Wenn der Mensch sich selbst in seiner inneren Hölle wahrnimmt, d. h. den Teufel in sich, das Böse, das Dunkle, das Gemeinste, wenn er es, statt es von sich zu stoßen, annimmt und mit Liebe umarmt, dann kann das Göttliche hindurchbrechen. Und das bedeutet für mich Auferstehung." Ein Wort von großer Tiefe. Im Annehmen des Dunklen geht ein Licht auf, das jenseits ist von Dunkel und Licht. Das ist der eigentliche Sinn der Forderung, das Unannehmbare anzunehmen, und eine der Urwahrheiten des Zen...

A. G.: ... nicht nur des Zen! Nach einem langen Gespräch beim Schein einer Kerze sagte mir ein Yogi in seiner Einsiedelei: „Wenn ich in einem einzigen Wort den ganzen Yoga zusammenfassen sollte, würde ich sagen: Annehmen." Aber ist das nicht auch die Grundhaltung des biblischen Menschen: Vom „Ja" des Abraham zum „Ja" Marias lehrt Gott die Menschen, in diese Haltung der Hingabe und des Annehmens zu gelangen; er selbst bringt seine völlige Hingabe zum Ausdruck, wenn Jesus angesichts des Todes sagt: „Dein Wille geschehe und nicht der meine... Vater, ich befehle meinen Geist in deine Hände."...

G. D.: Ja! So ist Jesus das große Vorbild: Er nahm als Mensch an, was anzunehmen dem Menschen schier unmöglich ist, und von hier ist zu verstehen, was es eigentlich bedeutet, dem Herrn nachzufolgen. Er begibt sich in die Tiefe des Unannehmbaren. Er nimmt freiwillig nicht nur den Tod, sondern auch das Absurde an: Am Ende war niemand da, der seine Lehre begriffen hatte und für ihn eintrat. Er hat sich weder vor Pilatus noch vor Herodes und auch nicht vor den Seinen veteidigt; ohne ein Wort des Widerspruchs nimmt er alle Demütigungen hin. Und so mußte er auch das Unannehmbare der völligen Einsamkeit hinnehmen, selbst von seinen Jüngern verraten und verlassen. So ist Christus nicht gekommen, um das die Welt beherrschende dreifache Leiden von uns zu nehmen, sondern um uns zu lehren, im Annehmen des Unannehmbaren das Tor zum Himmel zu öffnen. Das bedeutet Nachfolge Christi.

A. G.: Diese Haltung des Annehmens wurde dann von der Liturgie der folgenden Jahrhunderte aufgenommen und erfüllte die Christen immer wieder, wenn sie im Augenblick der Eucharistie sangen: „Er nahm Knechtsgestalt an..."

Was die mystische Tradition dann hervorhob, ist nichts anderes. „Anagogischen Akt" hat man manchmal diese durch Therese von Lisieux sehr einfach und für jeden erreichbar gewordene Haltung genannt: die Realität, wie sie auch sei, erkennen, akzeptieren und Gott darbringen. Die Naturwissenschaften entdecken ihrerseits heute, zu welcher Freiheit eine solche Haltung führen kann. Rogers beispielsweise, der bekannte amerikanische Psychotherapeut, hat aus dem Annehmen die Grundlage seiner Therapie gemacht... Wir könnten unsere Wanderschaft sicher noch durch viele andere Traditionen fortführen... Sie erinnern jedoch an ein wichtiges Element dieser Haltung: die Beteiligung des Leibes.

G. D.: Freilich! Man kann nichts annehmen, wenn man in der Haltung des Welt-Ichs verharrt: nur auf eins bedacht zu sein – zu bestehen. Im Leibe gesprochen: mit ewig verspannten Schultern das ständige Mißtrauen gegenüber einer möglichen Gefährdung darzustellen. Nur wo man lernt, sich auch im Leibe zu lassen und schließlich gelassen das Leben anzunehmen, wie es ist, gelangt man auf den Weg der großen Durchlässigkeit.

Es gäbe noch viel zu sagen über die Bedeutung des Leibes in dem, was ich „die richtige Haltung" nenne, die uns in allem, was wir tun, zu eigen werden muß.

A. G.: Wenn das Annehmen etwas anderes ist als ein intellektuelles Festhalten an einem Glauben, wenn es die Verwandlung des ganzen Menschen, seines Leibes, seiner Seele und seines Geistes ist, versteht man, daß sie der Schlüssel sein kann, der die Tür zum Leben öffnet. Die Identität dieses Lebens, sagten Sie, manifestiert sich immer und überall unter drei Aspekten: Fülle, Gesetz und Einheit. Welche Beziehung sehen Sie zwischen dieser Dreiheit des Seins und der Heiligen Dreifaltigkeit?

G. D.: Die Fülle ist das universelle Leben als schöpferisches Leben, der Schöpfer, Er, der das Leben erzeugt und den die Bibel Vater nennt. Das Gesetz meint das innere Gesetz, das allen Dingen Ordnung und Struktur gibt und ihnen Sinn verleiht. Es ist der Sohn, das WORT, der Logos (im Sinne von Joh. 1,3: „Alles ist durch das Wort (Logos) geworden, und nichts, was geworden, ward ohne es"). Das Wort ist das Prinzip jeder Entwicklung, es gibt allem Seienden als Kreatur Gestalt. Der Heilige Geist endlich meint die Einheit des Getrennten, das Einssein von Vater und Sohn.

A. G.: Sehen Sie eine Verbindung zwischen den Dreien?

G. D.: Im LEBEN gibt es keinen Stillstand: Die Bewegung geht immer vom Vater zum Sohn – im Heiligen Geist – und vom Sohn wieder zum Vater zurück – durch denselben Heiligen Geist. Die Dreieinheit meint eine Bewegung, die ewige Bewegung, in die wir alle als lebendige Wesen hineingestellt sind. Es gibt nichts außerhalb der Heiligen Dreieinheit, und jedes Lebewesen ist Sinnbild dafür. Das Leben wird vielgliedrige Form, und die dynamische Einheit, die allem Lebendigen zugrundeliegt, verbindet sie wieder mit der Einheit ihres Ursprungs. Nichts existiert also außerhalb der Heiligen Dreieinheit, weil sie in allem wirksam ist; das Sein im Seienden, das alles im Dasein erhält.

Und alles sucht sich zu vollenden in der ihm innewohnenden Gestalt, die in all ihren Gliedern rückgebunden bleibt an das

Ganze. Alles, was lebt, lebt nur in einer bestimmten Einheit mit sich selbst. Wenn das Leben aus dem Ursprung schwindet, entwerden die Dinge. Ein menschlicher Körper zerfällt, wenn er nicht mehr von Leben erfüllt ist.

Aber Sie wissen sicher, daß die universale Dreieinheit keineswegs ein Privileg des Christentums ist. Es gibt keine Religion ohne das principium formans der Dreieinheit. Die kirchliche Trinitätslehre ist die christliche Aussageform – aus dem Offenbarungsglauben geschöpft – von der Dreieinheit des SEINS: Fülle, Gesetz, Einheit – Vater, Sohn, Heiliger Geist. Im Buddhismus spricht man von Buddha, Dharma (dem Gesetz), Samgha (der Gemeinschaft der Jünger, die das Gesetz immer wieder zurückführen zum Buddha). Im Hinduismus haben wir Brahman, Vishnu und Shiva. Im Shintoismus finden wir die Dreieinheit in den drei Gaben, die die Sonnengöttin ihrem Enkel zur Erschaffung Japans mit auf die Erde gibt, das Schwert: Sinnbild der Kraft, den Spiegel: Sinnbild des Gesetzes, und die Edelsteinkette: ein Sinnbild liebevoll sich anschmiegenden Geistes.

A. G.: Was ist dann für Sie die Eigenart des Christentums, wenn man in allen Religionen das wiederfindet, was die eigentliche Grundlage des christlichen Glaubens ist?

G. D.: Das Besondere des christlichen Geistes erscheint im Begriff der Person. Die Vollendung menschlichen Lebens erfüllt sich dann nicht in der Erfahrung des Nichts, der jenseits aller Gestalt wesenden Buddhanatur, sondern im Gestaltwerden einer für das göttliche Sein durchlässigen und von ihm zeugenden Person.

Auf die häufig gestellte Frage: „Begegnet der Mensch auch in der bildlosen Erfahrung der Transzendenz einem Du?“ antworte ich: Das ist eine falsch gestellte Frage. *Alles,* was uns berührt und dem wir persönlich begegnen, Menschen und Dingen, insbesondere allen Gegenständen des täglichen Lebens, mit denen wir täglichen Umgang haben – alles, was für uns eine persönliche Bedeutung besitzt, hat Du-Charakter, und wir gehen damit um wie mit einem lebendigen Wesen. Mit der ganzen Welt, in der wir leben, stehen wir auf zweifache Weise in Beziehung: auf sachliche und persönliche. Unter sachlichem Aspekt stehen wir Tatsachen gegenüber, Objekten unseres gegenständlichen Bewußtseins. Unter persönlichem Aspekt stehen wir mit allem in einer persönlichen Beziehung. Insofern ist das Du eine Kategorie des menschlichen Bewußtseins. Selbst zu einer weißen Wand, die uns ärgert, indem sie uns berührt, einem Stück Holz, einem Stein können wir sagen: „Du ärgerst mich!" Aber dieses Du ist noch keine Person. Das Personale im eigentlichen Sinn kommt erst herein, wo es zu einem Dialog kommt.

Ebenso ist es mit dem Du, das uns in der Erfahrung der Transzendenz begegnet. Gibt es etwas Persönliches in diesem Du? Als die Stimme, die uns aus der Tiefe anruft, und die wir als Stimme aus der Transzendenz, als Gottes Stimme vernehmen. Dann kann von einer personalen Begegnung die Rede sein. Als Nicht-Fachtheologe sehe ich aber die Gefahr, daß dieses „Gegenüber" zum Gegenstand unseres gegenständlich fixierenden Bewußtseins wird, was dem transzendenten Sein gegenüber ein Widersinn wäre: die Realität Gottes im Gefüge objektivierender „Tatsachen" zu verankern. Diese Gefahr abzuwehren, war auch das Ziel vieler paradoxer Äußerungen Meister Eckeharts, in denen er jeden Versuch zurückwies, über Gott wie über eine objektive Tatsache sprechen und urteilen zu können.

A. G.: „Gott wird Mensch, damit der Mensch Gott wird", sagt die Tradition mit dem heiligen Athanasius und „Gott erfährt den Menschen, damit der Mensch Gott erfährt", verkündet der heilige Irenäus. Die Person ist nicht ein Objekt des Wissens, sie ist unbegreiflich und wie Gott ein unergründlicher Abgrund, und wenn sie auch untrennbar mit Gott verbunden ist, kann sie sich uns nur in der Erfahrung offenbaren, die uns für das göttliche Sein transparent macht und uns zuvor allem Gegenständlichen absterben läßt. Im Evangelium kommt wieder die Haltung des Annehmens und das „Ja" zur Verwirklichung der Person vor; der höchste Ausdruck davon ist jedoch sicherlich die Forderung, seine Feinde zu lieben. So wächst die Natur über sich selbst hinaus, und der Mensch wird in die Fülle der Freiheit hineingeboren. Nichts macht freier als die Vergebung; ich glaube, daß dies, über alle Techniken der Verwandlungen hinaus, eines der großen Geheimnisse des Übergangs vom Individuum zur Person ist. Der Staretz vom Berge Athos sagte, daß die Liebe zu den Feinden das einzige unfehlbare Kriterium unserer Verwandlung sei…" Christus wird in diesem Augenblick in der Seele mystisch geboren", würde Maximus Confessor sagen. Wenn wir also etwas über das unkennbare Mysterium unserer Person erkennen wollen, müssen wir uns in das Antlitz Christi versenken, das ihre Ikone ist…

G. D.: Und „eins" mit Ihm werden!…

A. G.: Das Geschehenlassen durch gegenseitige Durchdringung und gegenseitige Kommunion. In der Bibel bedeutet „er-kennen" fast immer direkte Erfahrung, innige Berührung, Liebe… der Dialog wird eine Art Blutübertragung…

G. D.: Ja! Denn ohne Erfahrung, ohne die jede Theorie sich auflöst, wird der Mensch, der von Kindheit an von Gott nur im Bilde abstrakter Eigenschaften gehört hat, wo er eine sein bisheriges Weltbild sprengende Gotteserfahrung macht, auch diese wieder im Bild personalen Gestalt auffangen. Das ist das Ergebnis oder die Frucht einer von Kindheit an übernommenen Tradition, denn der Mensch hat durch seine „religiöse" Erziehung eine vorgeformte Vorstellung, eine Erfahrung zu sehen, zu empfinden und zu verstehen, in der er doch eigentlich vom Ganz-Anderen unmittelbar berührt wird.

Umgekehrt wäre es beispielsweise in der buddhistischen Tradition; wenn jemand schon seit seiner Kindheit zu einer anderen Art, die Göttlichkeit wahrzunehmen und die große Leere in seinem Bewußtsein zu haben, initiiert wurde, so weiß er, selbst wenn in einer tiefen Meditation in seinem menschlichen Bewußtsein eine Gestalt, eine bestimmte Form auftaucht, daß es ein Bild ist, und daß es in Wirklichkeit nichts gibt, was ihm erlaubt, das göttliche Sein in einem Bild einzufangen.

A. G.: Worte sind zugleich magisch und gefährlich! Ohne sie bleibt die Erfahrung formlos: Die Wort-Erfahrung ist die mächtige Offenbarung des Gottesherzens; aber mit den Worten läuft man immerzu Gefahr zu verkopfen, die göttliche Realität in Formeln zu fassen und das Leben zu töten! Deshalb braucht man zugleich Christus und den Geist, um dem Vater zu begegnen. Jesus hat gesagt: „Ich bin gekommen, damit sie das Leben haben" und „Es ist euch gut, daß ich fortgehe, denn ich werde den Heiligen Geist zu euch senden." Wenn das Wort gekreuzigt ist, läßt der Geist es zu einem inneren Teil von uns werden. Wir verwirklichen es. Der Logos ist das Wort, das aus dem Schweigen kommt und ins Schweigen zurückgeht; so macht Er aus uns Götter in der Bewegung des Geistes. Jedes andere Wort ist leeres Geschwätz.

G. D.: Das ist der große Wendepunkt und zugleich die Schwierigkeit: In jedem Menschen, ob er Christ ist oder nicht, gibt es das raumzeitlich bedingte Ich, für das die Wirklichkeit vorab in Gegenständen und begrifflich festgestellten Tatsachen besteht. Diese Gegenstände verdecken und offenbaren zugleich ein universelles Wesen, die Wirklichkeit der Wirklichkeiten, etwas Unbegreifliches, Unsichtbares, das einen aber in besonderen Erfahrungen ergreifen kann. In solcher Erfahrung berührt uns das Sein in seiner Dreieinheit seiner schöpferischen Fülle, seiner sinngebenden Ordnung und seiner als Liebe sich manifestierenden Einheit. Und immer bleibt es die Aufgabe des Menschen, in die schöpferische und alles verwandelnde Bewegung der großen Dreieinheit einzuschwingen. Das ist auch Sinn und Ziel der initiatischen Exerzitienpraxis, wie ich sie verstehe.

VI.

„Der Weg, die Wahrheit und das Leben“

Johannes 14, 6

Graf Dürckheim: Bedingungen zu schaffen, heißt, sich zunächst mit einer Übungs-Technik zu befassen. Mißverstehen wir die Technik nicht, sie ist keine äußere Angelegenheit. Die Menschen des Ostens sagen: „Vollkommene Technik ist Tao, und gelebtes Tao erscheint auch in der vollendeten, von jedem Ich befreiten Technik.“ Das heißt, daß sie, wenn sie vollendet ist, schon ein Ausdruck des Wesens ist, eine Weise, in der der Meditierende ihm erlaubt, sich zu manifestieren.

Alphonse Goettmann: In diesem Sinn haben wir schon an das Wort Christi erinnert: „Ich bin der Weg“; also ist Christus der Weg, und der Weg ist Christus. In der Erfahrung stellt jeder übrigens sehr bald fest, daß eine richtig verstandene Haltung des Körpers schon Gebet ist.

G. D.: Damit sich das Wesen in einer persönlichen Form manifestieren kann, muß sich der ganze Mensch verwandeln: Körper, Seele, Geist; denn die Hindernisse befinden sich auf allen Ebenen und sind miteinander verflochten.

A. G.: Wenn es wahr ist, daß unser Leib der sichtbare Ausdruck des ganzen unsichtbaren Universums in uns ist, versteht man, daß jede physische Haltung zugleich etwas Psychisches und Geistiges bedeutet...

G. D.: Von dem großen Theologen Karl Rahner stammt der bedeutende Satz: „Der Leib ist die raumzeitliche Gestalt des Geistes.“ Hier erleben wir heute den Anfang einer Neuorientierung im Raum der christlichen Kirche. Jahrhundertelang hat man aus dem Körper das große Hindernis auf dem Weg und den Widerpart der Spiritualität gemacht. Deshalb mußte man auf ihn verzichten und ihn überwinden – merkwürdig genug in einer Religion, in der Gott Fleisch wurde und einen menschlichen Leib annahm. Wie dem auch sei, wenn der Leib die Inkarnation von Geist und Seele ist, wie könnte man den Leib dann vom Menschen trennen? Man fragt oft: Wie hängen Leib und Seele zusammen? Doch sollte man lieber fragen: Wie kann man auf die Idee kommen, Leib und Seele angesichts eines lebendigen Menschen zu trennen?

Wir stehen heute vor einer neuen Auffassung des Leibes. Wir müssen hier zu unterscheiden lernen zwischen dem „Körper, den man hat" und dem „Leib, der man ist". Der Körper, den man hat, wird wahrgenommen als ein Gegenstand, ein Objekt, bei dem es um Gesundheit oder Schönheit geht; der einem gehorchen muß, um welche Leistung in der Welt es auch geht. Demgegenüber muß man unter dem „Leib, der man ist", die Einheit der Gebärden verstehen, in denen man sich ausdrückt und darstellt, verfehlt oder verwirklicht. Während es sich bei dem Körper, den man hat, um Gesundheit und physische Leistungskraft handelt, geht es bei dem Leib, der man ist, um Durchlässigkeit, letztlich um Transparenz für die uns immanente Transzendenz. Der initiatische Weg ist auch der Weg der Entwicklung des Leibes, der man ist. Denn nur der zum Wesen hin transparente Leib kann dem Sinn des initiatischen Weges genügen, Zeuge zu werden des Göttlichen in der Welt, transparent für die Manifestation des Überweltlichen im weltlichen Dasein.

Wenn der Leib, der man ist, den Menschen und die Person selbst in ihrer Weise dazusein bedeutet, so kann man also auch über die Übung von Gebärden den Menschen entwickeln. Wieder ein Beispiel: Die Menschen gehen oft zum Arzt wegen der wohlbekannten Schmerzen in den Schultern, unter denen fast jeder leidet. Der Arzt, der in der objektivierenden Wissenschaft vom Körper, den man hat, steht, wird sagen: „Ja, Sie haben verkrampfte Muskeln. So müssen wir den Krampf herausnehmen durch Massagen, Entspannungsübungen, notfalls mit einer Injektion." Das mag den Schmerz wegnehmen, aber es ändert nichts an der Ursache des Muskelkrampfes. Diese besteht in einer personalen Fehlhaltung, genauer gesagt in einer Mißtrauenshaltung gegenüber der Welt. Sie kann nur durch Einübung einer Vertrauenshaltung behoben werden, indem der

Mensch seinen leibhaften Schwerpunkt nicht oben, sondern unten, im Bauch-Becken-Raum empfindet, den Schwerpunkt, den der Japaner „Hara" nennt. Der Krampf in den Schultern bedeutet ein Mißtrauen gegen die das „Bestehen", in welcher Hinsicht auch immer, gefährdende Welt; der oft schmerzliche Krampf um die Mitte des Leibes Mißtrauen gegen alle emotionale Bewegung, Gehemmtheit im Ausdruck der Gefühle; Verkrampfung im Bauch-Becken-Raum eine Sperre gegen die kosmischen Mächte und im Raum der Füße ein Mißtrauen gegen die Erde, auf der man steht oder geht.

Die Arbeit an der Gewinnung jener Wesenstiefe, die alles Mißtrauen aufhebt und ein Grundvertrauen schenkt, das auch in schweren Situationen des Lebens hält, steht am Anfang des initiatischen Weges.

A. G.: Je nachdem, welchen Standpunkt man einnimmt, kann die Technik des inneren Weges also eine Askese der Beherrschung und der Befreiung sein, denn „das Fleisch begehrt etwas anderes als der Geist", oder eine Askese der Verwandlung, denn dieser „Leib ist ein Tempel des Heiligen Geistes ... und hat Teil an der Fülle des Göttlichen", wie Paulus sagt. Im ersten Fall ist der Körper „ein Tier, das man bezähmen muß", wie es noch heute Lanza del Vasto rät; so wird die Askese zur Kasteiung, die in der Geschichte sehr oft fast schon Selbstverstümmelung war. Im zweiten Fall wird man versuchen, „Gott in seinem Leib zu verherrlichen", um mich wieder mit Paulus auszudrücken, und damit wird die Askese dann mehr zur Übung.

Aber wie Sie sagten, wirkt sich die Arbeit am Leib, der man ist, auch im Körper, den man hat, aus und umgekehrt. Wer den Körper, den er hat, geißelt, und sich ein Büßergewand umhängt oder sich Trüffeln und Süßigkeiten verbietet, schaltet die Parasiten aus und kann eines Tages das Tier zugunsten des Geistes auslöschen. Wie es für den Arzt eine Kluft zwischen diesen beiden Standpunkten gibt, so kann es, glaube ich, für den auf dem geistigen Weg befindliche Brücken geben, die beides verbinden. Alles hängt von der Haltung ab. Franz von Assisi bezwang seinen Körper, den „Bruder Esel", wie er ihn nannte, bis zum Tod. Seine Stigmen ließen jedoch die „vollkommene Freude" durchscheinen ... war das nicht deshalb, weil er sich jeden Tag stundenlang der Kontemplation hingab, wie es übrigens alle

Mystiker tun? Die Kontemplation ist jedenfalls das königliche Tor zur richtigen Haltung, der bevorzugte Weg und die Grundübung in ihrer Lehre. Ohne sie gibt es keine Reife, weder als Mensch noch als Christ.

G. D.: Das ist richtig. Die Meditation und das ganze meditative Leben, das daraus entspringt, gehören zur Antwort auf die Einladung Jesu zur Umkehr: „metanoeite", verwandelt euch. Es gehört eine radikale Umkehr vom Übergewicht des Welt-Ichs zur Herrschaft des Wesens, um auch die Ebene der altruistischen Moral noch zu übersteigen hin zu einer Manifestation des Seinsollenden aus dem Wesen. Auf dem initiatischen Weg geht es darum, immer tiefer einzudringen in das Geheimnis, das wir selbst in unserem Wesen sind. Das Einswerden mit dem Wesen ist nicht das Ergebnis einer frommen Einbildung oder das Objekt eines Glaubens, sondern die in einer Verwandlung sich vollziehende Umwandlung des Bewußtseins, das uns im Grunde eingeboren ist. Das Wort Meditation ist heute in vieler Munde und hat sehr unterschiedliche Bedeutungen. Das Wort meditieren kommt vom meditar*i*, nicht von meditar*e*, meint also ein Passivum: meditari, zur Mitte hingegangen werden. In diesem Sinn ist das Wort Meditation so etwas wie ein Oberbegriff, der für mich zugleich die im Mittelalter bekannte Dreiteilung umfaßt: „concentratio, meditatio, contemplatio".

Um auf den richtigen Weg zu gelangen, muß man vor allem wissen, daß es das Sein ist, das uns sucht; daß es das Sein ist, das in uns Gestalt werden will, und daß nicht wir es „machen", sondern daß es das in unserem Wesen anwesende Sein ist, das die Arbeit tut, wenn wir es nur zulassen. Das Göttliche will sich in uns verwirklichen, und wir haben nichts anderes zu tun, als es gewähren zu lassen. Die Arbeit des Gärtners ist ein gutes Beispiel dafür. Er kann nicht an der Pflanze ziehen, damit sie schneller wächst, aber er muß dafür sorgen, die Bedingungen zu schaffen, die die Wachstumsbewegung, diese Dynamik des Lebens, ermöglichen. Er muß für Erde, Wasser und Licht sorgen. Genauso ist es mit der Meditation: Indem man die notwendigen Bedingungen schafft, wird sie eine Übung zur Verwandlung. Die erste Bedingung dafür ist die Haltung, wie Sie sagten, die richtige Haltung. Die Meditation beginnt zunächst mit Konzentration und dem richtigen Sitzen. Als man Meister Eckehart fragte: „Was hat dich heiligmäßig gemacht, Bruder?“, antwortete er, so heißt es in der Legende: „Das hat vor allem mein Sitzen gemacht.“ Natürlich kann man in jeder Haltung meditieren und dabei Fortschritte machen, vorausgesetzt, man ist in der richtigen geistigen Verfassung...

A. G.: Sri Aurobindo lief, anstatt zu sitzen, jeden Tag zwölf Stunden, und der heilige Simon erreichte den Gipfel der Heiligkeit, indem er auf dem Rücken lag: Seine Wirbelsäule war gebrochen!

G. D.: Die Erfahrung der letzten Jahrzehnte hat gelehrt, daß die Meditationspraxis des Zen, das Za-Zen, für den europäischen Menschen besonders geeignet und fruchtbar ist. Man muß dazu sagen, daß diese Meditation eben im Grunde auch dem westlichen Menschen auf den Leib geschrieben ist...

A. G.: Es liegt in der Natur des Menschen, er setzt sich gerne direkt auf die Erde, und er macht es um so spontaner, je weniger intellektuell er ist. Ich habe beobachtet, mit welcher Leichtigkeit sich geistig Zurückgebliebene im Lotussitz niederlassen, ohne es je gelernt zu haben. Der „Schneidersitz“ war dem Menschen des Ostens zu allen Zeiten vertraut und ist seit Therese von Avila bei den Karmelitern ebenso Tradition geworden wie in Japan...

G. D.: Bei der Übernahme der Technik des Za-Zen gewinnen wir besondere Möglichkeiten zur Förderung unserer Fühlungnahme mit der immanenten Transzendenz. Entscheidend dabei ist das rechte Verhältnis der Horizontalen zur Vertikalen, des Bauch-Becken-Raumes zur Wirbelsäule, der festen Verbundenheit mit dem Wurzelraum und dem Aufsteigen zur „Krone“. Der Zen-Meister sagt: „So sitzen, als wolle man mit dem Gesäß den Boden eindrücken und mit dem Kopf den Himmel einstoßen.“ Wesentlich wird dabei das Gewinnen des Hara, wörtlich „Bauch“. Gemeint aber ist eine Gesamtverfassung des Menschen, in der er seinen Schwerpunkt im gefestigten Bauch-Becken-Raum gewonnen hat und dadurch die Spannungen im Schulterbereich aufhebt. Die volle Verwurzelung im Unterleib ermöglicht ein gutes Aufgerichtetsein, und der geschmeidige und entspannte Oberkörper erlaubt es seinerseits dem Hara, seine Wirkung zu tun. Die Festigkeit im Hara erleichtert das Freiwerden von der Herrschaft des nur weltbezogenen und ewig mißtrauischen Ichs und ermöglicht so die Fühlung mit dem überweltlichen Ursprung.

Das Wandern der Gedanken, das Dösen und Träumen stehen im Widerspruch zur Meditation. So ergibt sich die Forderung einer strengen Disziplin, die sich sowohl auf das Freiwerden von Bildern und Gedanken als auf die rechte Haltung bezieht. Das Freiwerden von Bildern und Gedanken führt, wenn es gelingt, zur Erfahrung der Leere. Die Leere, die Abwesenheit des gegenständlichen Vielen, ermöglicht das Aufgehen der ungegenständlichen Fülle. Der Zen-Mann spricht von der „Fülle des Nichts" als dem Ausdruck des überweltlichen Seins, so wie Meister Ekkehart, wenn er sagt: „Gott (die Erfahrung des Göttlichen) ist ein lauteres Nichts."

Die Meditation, die ins Leere führt, steht im Widerspruch zur traditionellen Form der Meditation eines heiligen Wortes oder heiligen Bildes und wird von den Vertretern der Kirche oft als nur dem Buddhismus gegeben angesehen. Man hat über dieses Leersein viel gesprochen und es oft falsch verstanden. Manche Christen meditieren lieber über einem Gedanken oder einem Bild und denken, jede andere Form der Meditation sei ausschließlich Buddhisten vorbehalten. Es zeigt sich aber, daß die in der Leere von allen Bildern und Gedanken mögliche Erfahrung der Tiefe, die jenseits aller Bilder ist, auch für den Christen von außerordentlicher Bedeutung sein kann.

A. G.: Das kommt daher, weil sie wahrscheinlich ihre eigene innere Stille noch nicht erfahren haben und jenen nicht besser kennen, von dem ihre Tradition von ihren Ursprüngen an zeugt! Da sie weder den einen noch den anderen haben, verwechseln sie unvermeidlich den Gott Jesu Christi mit dem der Philosophen. Wer bringt das Logos-Wort hervor: die schönen Gedankenkonstruktionen Platons oder das schweigende und jungfräuliche Warten Mariens? Paulus betont jedoch in seinem ersten Brief an die Korinther, daß man die wahre, spirituelle Weisheit nur erreichen kann, indem man „die Weisheit der Weisen zerstört", das heißt, sich von der Sklaverei der Weisheit einer rationalen und dialektischen Sprache befreit.

G. D.: Innerlich leer zu sein, d. h., ledig aller Dinge zu sein wie die Jungfrau Maria, ist gerade im christlichen Sinn die Voraussetzung für das Empfangen des Göttlichen Geistes. Das Wort will Fleisch werden, aber wenn wir von dem Vielen erfüllt sind, können wir es nicht „empfangen", „denn es ist kein Platz in unserer Herberge". Solange unser Bewußtsein nicht frei geworden ist von gegenständlichen Inhalten, bleiben wir blind und taub mit „Augen, die nicht sehen und Ohren, die nicht hören".

Wo die Gegenwart Gottes in Bildern vorgestellt wird, geschieht das im Widerspruch zu dem Wort Gottes: „Du sollst dir kein Bildnis von Mir machen." Wir produzieren dann Vorstellungen mit einem menschlichen Inhalt auf ihn, z. B. von seiner Gerechtigkeit, der die Wirklichkeit des Lebens später nicht entspricht und den Menschen veranlaßt, sich von dem so gebildeten„Glauben" loszusagen. Eine in der Meditation sich entwikkelnde Religiosität dagegen ruht auf einer inneren Erfahrung, deren innere Wahrheit nicht enttäuscht werden kann.

A. G.: Das erklärt, warum so viele Ordensbrüder und -schwestern, die ihr Leben lang jeden Tag eine oder sogar zwei Stunden meditieren, im Alter doch noch voller Bitterkeit und freudlos sind. „Sie haben sich nicht leergemacht, sondern sind voll von sich und geistig krank", sagt Thomas Merton, der das mönchische Leben gut kannte.

G. D.: Man kann über Gott Betrachtungen anstellen und sogar mit dem Verstand in die Tiefe eines Wortes aus dem Evangelium einzudringen versuchen, ohne daß es einen wirklich berührt und verändert. Hier aber ist dann der menschliche Geist auf das rationale Denken reduziert, statt ihn als Ausdruck und Organ des ganzen Menschen, auch seines Leibes, zu verstehen. Aber auch christliche Betrachtung im traditionellen Sinn hat immer schon gefordert, nicht beim „Kopf" stehenzubleiben, sondern mit dem Herzen zu betrachten.

A. G.: Ich nehme an, die Atmung ist neben dem Sitzen das wichtigste Element des meditativen Aktes. Wie in allem, hat der westliche Mensch auch sie zu einer Funktion verkürzt, die nur dazu dient, uns Luft zu verschaffen! Aber was ist die Atmung nun in Wirklichkeit?

G. D.: Für die Praxis der Meditation ist der rechte Umgang mit dem Atem entscheidend. Er darf hier aber nicht als ein physisches Phänomen, als eine Einrichtung zum Holen und Lassen von Luft verstanden werden, sondern als eine Gebärde – eine Gebärde von Ausatem und Einatem –, in der der Mensch sich als ganzer Mensch immer wieder gibt, leermacht und – das ist das Geschenk des rechten Ausatems – erneut zurückempfängt. Einatmen meint Inspiration, zu der man aber nur geöffnet ist, wenn man sich im Ausatem ganz geleert und gelassen hat.

So äußert sich im Atem der Rhythmus des Großen LEBENS, des ewigen Entwerdens und Neuwerdens. Der ungestörte Rhythmus des Atems bedeutet lebendige Ordnung des ganzen Menschen. Die Transparenz für das immanente Sein setzt die ungestörte Rhythmik voraus. Im allgemeinen kommt die Störung des rechten Atems aus der Vorherrschaft des Welt-Ichs, das sich im Einatem festhält, die Bewegung des Atems in den Brustraum zieht und gleichsam etwas zu einer Willensbewegung macht. Der rechte Einatem ist aber das Geschenk des rechten Ausatems und braucht nicht gemacht zu werden.

Die rechte Bewegung des Atems ist der nie endende Rhythmus völliger Hingabe und eines sich Zurückempfangens. Dies führt, je tiefer es wird, zu jenem Stirb und Werde, das der Rhythmik alles Lebendigen zugrunde liegt und als Gesetz aller Verwandlung echtes inneres Wachstum ermöglicht. In diesem Stirb und Werde tritt auf dem initiatischen Wege dann auch fortschreitend an die Stelle des allbeherrschenden Welt-Ichs der Pulsschlag aus dem Wesen, der das Werden des neuen Menschen ermöglicht.

A. G.: Ihre Worte geben mir Lust, den Hymnus zu singen: „Öffnet Eure Herzen dem Atem Gottes, Sein Leben erfüllt die Seelen, die Er berührt! Ein neues Volk wird geboren!... Öffnen wir unsere Herzen dem Atem Gottes, denn Er atmet in unserem Mund mehr als wir selbst!“

G. D.: All das sind nicht Bilder oder eine Theorie, die man beim Üben anwendet, sondern es ist das, was bei der richtigen Atmung geschieht, und dessen man sich immer mehr bewußt sein sollte, indem man es lebt, das große Loslassen, die Hingabe im Ausatmen und die Rückkehr als erneuerter Mensch in der Einatmung. So ist der Mensch in seiner Ganzheit von Körper, Seele und Geist erfaßt durch diese Bewegung, die zur Transparenz führt, zur großen Durchlässigkeit für das Wesen, die bei jedem Atemzug im kleinen schon das enthält, was auf dem Weg reifen soll. Es gibt für das Fortschreiten dieser verwandelnden Bewegung kein Ende. Die Atmung ist die verwandelnde Bewegung schlechthin. Sie ist uns eingeboren, muß aber im Exerzitium bewußt werden, gehütet und gepflegt.

Zusammenfassend zum Ausatem und Einatem: Im Widerspruch zu dem, was der Laie denkt, steht in der Übung am Anfang der Ausatem, nicht der Einatem. Man muß das Gewordene immer wieder hergeben, um das Ungewordene empfangen zu können. Wer glaubt, erst nehmen zu müssen, um geben zu können, überträgt die Einstellung des auf Besitz und Bestehen gerichteten Welt-Ichs auf die auf seine Überwindung gerichtete, dem Aufgehen des Wesens dienende Bewegung.

Auf der Ebene des Welt-Ichs muß man erst etwas nehmen und haben, um geben zu können. Wo es um das Sein geht, muß man erst alles hergeben, um Raum zu schaffen für das Wesen.

Der rechte Einatem kommt von selbst und ist das Geschenk eines guten Ausatems. Man empfängt den Atem, und in diesem Sinn hat er eine doppelte Bedeutung: Es ist der Atem, der mich erfüllt, damit mein Organismus gut funktioniert, und es ist, auf einer ganz anderen Ebene, die „In-spiration" (Eingebung); ich werde inspiriert, oder Es inspiriert mich. Indem ich inspiriert werde, werde ich vom Geist befruchtet.

A. G.: Der Mensch des Westens hat die Gewohnheit, die Hand selbst auf das Wunderbarste zu legen und sich zu seinem Besitzer zu machen; so ist es nicht erstaunlich, daß er dasselbe mit der Einatmung tut und nur Luft pumpt, anstatt belebt zu werden... Aber kann die Ausatmung ein willentlicher Akt sein?

G. D.: Ja, in der Übung ist sie zunächst ein willentlicher Akt, dann aber fließt sie von selbst. Es geht dann darum, sich der Ausatmung bewußt zu werden, ihr zu folgen, nicht sie zu „machen". Im allgemeinen ist die Atmung des Menschen verfälscht. Die meisten Menschen haben heute eine Atmung, die zu weit oben sitzt, sie atmen mit der Brust anstatt mit dem Zwerchfell.

Das ist das Ergebnis eine Abwehrhaltung und eines immer im Vordergrund stehenden Ichs. Sobald man sich aufregt, „geht man hoch“, und die Atmung steigt nach oben, man ist „außer sich“, nicht im Lot, nicht – wie der Franzose sagt – „dans son assiette“*.

Wenn man hingegen entspannt ist und in seinem Bauch-Becken-Raum ruht, hat man die richtige Zwerchfellatmung, und nur dann wird die Atmung eine Bewegung der ganzen Person. Das wichtigste bei der Ausamtung ist also das Loslassen, und zwar nicht die Schultern, sondern *sich* (in den Schultern) loslassen und mit dem Ende des Ausatems *sich* im Bauch-Becken-Raum niederlassen und weiter noch mit dem Boden eins werden lassen. Man arbeitet an sich in der dauernden Stärkung der leibhaftigen Vertrauensbasis. Man läßt sich in seinem Becken nieder. Das Becken ist wie eine Schale (assiette), in der das neue Leben sich entwickeln wird. Man ist im Lot, ruhig, ohne Angst...

A. G.: In der Hingabe gibt man sich ganz: Es ist die größte Offenheit in einer vertrauensvollen Erwartung. Der Augenblick zwischen Ausatmung und Einatmung ist kein statisches und gewolltes Anhalten, sondern öffnet einen geheimnisvollen und lebendigen Grund, in dem der lebenspendende Atem geboren wird...

G. D.: Im Laufe des Übens werden die beiden großen Bewegungen: Ausatmung-Einatmung zu zwei Polen einer einzigen Bewegung, die man das Rad der Verwandlung nennen kann, das ewige Stirb und Werde, das in der Übung in immer größerer Bewußtheit gelebt wird. Und die Harmonie zwischen Spannung und Entspannung führt zur „richtigen Spannung“. Es ist wichtig, zu unterscheiden zwischen Entspannung und Schlaffheit oder Auflösung. Richtige Spannung und Entspannung sind die beiden Seiten des Lebendigen, während Verkrampfung und Auflösung zwei Zustände sind, die einander ausschließen. Aber es ist das böse Werk des Widersachers, das Auf und Ab der lebendigen Bewegung immer wieder entweder oben festzuhalten am

* Vgl. „Erlebnis und Wandlung“, S. 218.

Ende der Einatmung oder aber unten am Ende der Ausatmung. Jenes bringt den Tod durch Erstarrung, dieses den Tod durch Auflösung – die westliche Gefahr, die östliche Gefahr. Diese Gefahr ist aufgehoben und macht dem LEBEN Platz, wo der Mensch in seiner Mitte gefestigt ist. Gefestigtheit im Hara garantiert den natürlichen Zwerchfellatem, für den es kein Stehenbleiben, weder oben noch unten, gibt. In der richtigen Atembewegung wird der Atem nahezu unsichtbar.

Die vertrauensvolle Hingabe im Ausatem gibt uns auch eine Definition des Glaubens: sich loslassen in das Unbekannte, ohne Rest und voller Vertrauen. Solch ein völliges Loslassen kann auch einmal das auslösende Element einer großen Seinserfahrung sein, eines Satori. Doch dies ist unendlich selten und kann nicht gewollt werden.

A. G.: Aber es gibt glücklicherweise auf dem Weg nicht nur die Dürre der Wüste! Manchmal erlebt man den brennenden Dornbusch oder die Quelle, die aus einem Felsen springt, einen artesischen Brunnen, eine Oase... So viele Lichter und Erquickungen, Vorboten der großen Erleuchtung! Alle biblischen Verheißungen sind gegenwärtig, und unsere Vorgänger auf dem Weg haben sie vor uns erlebt: Moses und sein Volk auf der Suche nach dem gelobten Land.

G. D.: Was uns ermutigen kann, ist eine unermüdliche Arbeit, eine nie nachlassende Wachsamkeit, in einer Haltung zu bleiben, die den Weg zum Wesen nicht verstellt. Dann schaffen wir die Bedingungen dafür, daß kleine Seinsfühlungen immer häufiger unser Bewußtsein berühren können. Die falschen Haltungen des Körpers, richtiger gesagt, die falschen Weisen, im Leib dazusein, die uns die Wesensfühlung versperren, werden dann immer seltener. Die Spannungen und Verkrampfungen, die immer eine Mißtrauenshaltung, des sich wahrenden Welt-Ichs ausdrükken, werden leichter entdeckt und aufgelöst. Die Verwurzelung in der Mitte macht alle falschen Absicherungen unnötig, und der Übende gelangt aus einem Zustand von Mißtrauen und Verkrampfung in eine Verfassung ursprünglichen Vertrauens.

A. G.: Wer sich diesem Ufer nähert auf dem Weg zu einer neuen Gegenwart, überraschend und unbekannt, läßt seine alten Netze zurück...

G. D.: Hat der Übende sich erst wirklich auf den Weg begeben, so wird er ohne Unterlaß die Fühlung mit dem inneren Reich des Seins suchen. Er wird lernen, alles im Keim zu erkennen, was ihm diesen Weg verstellen will, vor allem die ewige Suche nach Sicherheit, in der sich zu verschanzen er als Ich immer wieder Gefahr läuft, ob sie materieller, moralischer oder glaubensmäßiger Art ist. In dieser Arbeit zählt vor allem die Bemühung, nicht das Ergebnis. Sie muß in jedem Augenblick und nicht nur in der Meditation getan werden. Jede Handlung birgt zwei Früchte: das, was dabei herauskommt, und das, was dabei hereinkommen kann, je nach der Haltung, in der man sie vollbringt.

A. G.: Wenn die wesentlichen Bedingungen einer Übungspraxis erfüllt sind: richtige Spannung richtige Atmung und richtige Verwurzelung, und wenn der Verwandlungsprozeß ununterbrochen fortschreitet, „wird die Übung das Tao", und der Suchende gelangt zu einer Haltung, die im Zen *hara* heißt. Es ist der Schwerpunkt im Unterleib oder Becken, mehr noch eine Verfassung des ganzen Menschen, die sich durch den Leib, der er ist, ausdrückt. Vor ihm öffnen sich die Stufen der Reife auf einem Weg ohne Ende. Aber was zeichnet einen solchen Menschen aus?

G. D.: Wenn jemand *Hara* nur im wörtlichen Sinn als „Bauch" versteht, hat er noch nicht begriffen, denn es geht in Wirklichkeit um die Verfassung des ganzen Menschen, durch die er sich von der Herrschaft des kleinen, mißtrauischen und verkrampften Ichs befreit. Der Mensch, der im Hara ist, lebt nicht in seinen Schultern, sondern in seinem Bauch-Becken-Raum. Er ist „dans son assiette", ruht auf einer festen Grundlage, von der aus er die Welt und das Leben annehmen kann, wie sie sind, in einer Haltung tiefen Vertrauens. Hara meint das Vitalzentrum des Menschen. Die Mitte des Menschen überhaupt bleibt immer das Herz. Aber unbeschwert wird es nur schlagen, wo der Mensch in seiner leibhaften Mitte verankert ist, die ihn mit den kosmischen Mächten verbindet. Dann steht er in Verbindung mit einer kosmischen Kraft – in Japan „ki" genannt – an der wir alle teilhaben, aber lernen müssen, sie zuzulassen. Sie ist wie die Atomenergie jenseits von Gut und Böse. Alle mächtigen Männer der Welt, alle Diktatoren, haben über sie verfügt. Aber auch alle Christusbilder, die ihn als Herrscher der Welt zeigen, betonen die Kraft im Bauch, den Raum des Hara.

Es gibt viele Beweise für diese Kraft. Hier ein einfaches Beispiel: Ich strecke meinen Arm waagrecht aus und sage jemandem, er solle ihn beugen. Wenn ich meinen Hara zurückhalte und mit meiner Willenskraft Widerstand leiste, wird es dem anderen ein Leichtes sein, meinen Arm zu beugen. Wenn ich aber meinen Arm ausstrecke und nicht spanne, die Muskeln ganz locker lasse, aber einen Strom aus dem Hara in den Arm fließen lasse, wird er dem Beugen zehnfachen Widerstand entgegensetzen. Seltsamerweise beruht das nicht auf einem willentlichen Tun, sondern auf einem vertrauensvollen Zulassen der Kraft.

Noch ein Beispiel: Wenn man auf einem Stuhl sitzt, können einen zwei Menschen ohne weiteres hochheben. Wenn man aber im Hara ist, werden sie es kaum schaffen, obwohl man ja das gleiche Gewicht hat. Man weiß noch nicht, was diese Kraft eigentlich ist...

A. G.: Der Psalmist ruft oftmals: „Herr, Du bist meine Stärke und Kraft, in Dir liegt mein Vertrauen... Du meine Stütze..." Kann für den, der wirklichen Glauben hat, die Kraft des Hara göttliche Gegenwart bedeuten?

G. D.: Da muß man vorsichtig sein. Die Art, in der Sie die Frage stellen, läuft Gefahr, aus dem Göttlichen mehr oder weniger greifbare Realität zu machen. Bei der Ki-Kraft handelt es sich um eine Kraft, die sowohl in den Dienst Gottes als auch des Teufels gestellt werden kann, wie die Atomkraft. Aber freilich wird der Gott verbundene Mensch für sein heilsames Wirken in der Welt von ihr wesentliche Förderung empfangen. „In Ihm leben wir, in Ihm bewegen wir uns, in Ihm sind wir", wie Paulus sagt (Apg 17,28). Wenn wir von der Mitte sprechen, in der und aus der der Mensch leben soll, so geht es noch um mehr als um Herz oder Hara. Es geht um Christus. Er ist die Mitte, aus der heraus wie leben sollen – Christus nicht nur als jemand, an den wir glauben, sondern den wir als das Herz aller Dinge und unserer selbst erfahren.

Dieses Leben aus und in Christus bewährt sich und ernährt sich, wo der Mensch wirklich auf dem initiatischen Weg ist. Das Leben kreist dann nicht nur um den Menschen, sondern um das göttliche Sein und seine Anwesenheit im Dasein. Das In-seiner-Mitte-Sein drückt sich durch ein feines Empfinden dafür aus, was die Transzendenz verhindert und was sie fördert. Es ist ein dauernder Zustand kritischer Wachsamkeit, der den Menschen in seiner Ganzheit fordert. Dann ist der Leib in seiner Gestalt, in seiner Haltung und seiner ganzen Dynamik Ausdruck des Werdens der Person, die immer in Verwandlung begriffen ist. Sie geschieht zwischen dem Oben und Unten, zwischen Himmel und Erde und läßt den Menschen nach und nach wieder zu seinem göttlichen Ursprung hinfinden und zugleich zu der Fähigkeit, von ihm in seiner irdischen Wirklichkeit zu zeugen. Der Gegensatz ist aufgehoben. Das Erwachen für Hara verwurzelt ihn in den kosmischen Kräften und befreit ihn von der Sklaverei des kleinen Ichs, während die Betonung der oberen Körperpartien ihn darin festhält.

Erst wenn er Himmel und Erde in sich vereint, hat der Mensch seine wahre Mitte gefunden, sein wahres Herz, aus dem wirklich die Person spricht.

A. G.: So ist also weder Hara noch der Kopf, sondern das Herz die Mitte des Menschen?

G. D.: Ja, wenn sie das „Herz" nicht nur als Sitz der Gefühle verstehen, sondern als Mitte, die sich öffnet, wenn das Ich alles aufgegeben hat und wenn der Mensch für Himmel und Erde offen ist, weil er im Sein verankert ist, das jenseits ist von Himmel und Erde. Die Frage, auf die dies die Antwort ist, lautet nicht: „Was ist der Mensch, und wo ist seine Mitte?" sondern: „Was heißt es, wirklich ein Mensch zu sein, und aus welchem Zentrum soll er leben?" Das Herz meint dann keinen Ort in seinem Körper, sondern die für ihn maßgebende und verpflichtende Gotteserfahrung, wobei für mich Gott nicht der Gott einer bestimmten Religion, auch nicht des Christentums ist, sondern ein Wort für das personal erfahrene überweltliche Sein.

Die Mitte als Ort der Erfahrung des alles Vereinigenden ist

auch der Hort der überweltlichen LIEBE. Das Herz, verstanden als Zentrum der LIEBE, vereinigt Himmel und Erde. In ihm begegnen sich die Waagerechte seines raumzeitlichen Daseins und die Senkrechte aus dem Unendlichen. In dieser Spannung bildet sich die personale Mitte des Menschen. Im initiatischen Sinn begegnen sich Himmel und Erde da, wo die Not dieser Welt, wo sie angenommen wird, aufgehoben ist vom überweltlichen Sein; wo seine KRAFT offenbar wird in der Schwäche, der höhere SINN in der Sinnlosigkeit, die LIEBE mitten in der Grausamkeit der Welt. So steht der Mensch im Kreuzpunkt der Horizontalen des raumzeitlichen Daseins und der vertikalen Forderung aus dem überraumzeitlichen Sein. Aber aus dem Zentrum dieser sich ewig erneuernden Spannung wird immer von neuem der Mensch zur Person, in der *in* den Gegensätzen das Übergegensätzliche aufleuchtet.

Der Tod an diesem Kreuz kann immer auch zu einem Neuwerden, zu einer Auferstehung führen. Das Symbol des Kreuzes kennzeichnet auch das der universellen Bedingung alles Lebendigen. Alles Lebendige ist gespannt zwischen dem ihm innewohnenden Wesen und den Bedingungen der raumzeitlichen Verwirklichung der ihm eingeborenen Gestalt. So lebt auch die ganze Schöpfung im Kreuz.

A. G.: Das hat Jesus gelebt, und eben dazu fordert er uns auf. Nie hat Christus versucht, seinen Zuhörern den Kopf voll zu machen, wie es später alle Katechismen mit ihrer moralischen Lehre taten. Seine Lehre ist eine „Frohe Botschaft", die immer zur konkretesten Erfahrung aufrief: „Kommt und seht!" sind die ersten Worte, die er an seine Jünger richtete und der Inhalt eines Versprechens, nicht für das „Wissen" gedacht, sondern „zum Verwirklichen". Die ganze Problematik der heutigen religiösen Erziehung liegt darin; es ist ein Problem der Methode. Die Apostel hatten es begriffen und waren davon ergriffen. In der Nachfolge Christi hatte ihre Predigt nichts Theoretisches und war weit davon entfernt, eine einfache intellektuelle Billigung eines vorgegebenen Dogmas zu sein. Das christliche Paradoxon des Kreuzes war dazu da, das rationale Verstehen ans Kreuz zu schlagen. Paulus spricht von ihm als einer „Torheit" und bittet seine Zuhörer, das Unannehmbare anzunehmen, damit sie in sich die geheime und mysteriöse Kraft dessen wahrnehmen, das die Gegenwart Christi selbst ist. „An das Kreuz Christi geschlagen zu sein", bedeutete für ihn und die Christen eine genaue Erfahrung des Todes, damit das kleine Ich nicht mehr das Prinzip und das Zentrum unserer Handlungen sein sollte; von da an sollte unser Handeln aus Christus, der in uns lebt, hervorgehen.

Die Dynamik dieser außerordentlichen Theologie konnte sich noch während des goldenen patristischen Zeitalters entfalten. Die entscheidenden Schritte auf diesem Weg sind das Freiwerden vom eigenen Ich, die innere Reinigung, das, was Sie „das Loslassen" nennen würden, und die Kontemplation, die jeden rationalen Begriff von Gott ausschließt. Selbst bis in die Formulierung der Dogmen hinein, von denen es übrigens sehr wenige gibt, verfolgt man die Verwirklichung dieser Erfahrung. Die Aussage der Dogmen ist oft antinomisch, paradox, widersprüchlich, was den Verstand zwingt, aus seinem geschlossenen Kreis zu treten, in gewisser Weise aufzubrechen und sich zu dem Geheimnis hinzutranszendieren, das er nur noch kontemplieren kann. Angesichts dessen betreiben jene, die sich heute „Theologen" nennen, sehr oft nichts anderes als religiöse Philosophie.

G. D.: Das Glaubenssystem, das die religiöse Erziehung in den Köpfen der Christen errichtet hat, hält heute nicht mehr der Wirklichkeit stand. Das ist die Not und das Leiden unserer Zeit, daß im Reich des Glaubens zu sehr die Lehre an die Stelle der Erfahrung getreten ist und die religiöse Erziehung der Theologie mehr Raum gibt als dem Erschließen des Menschen zur göttlichen Erfahrung.

A. G.: Das hat seinen guten Grund! Wo sind denn in den meisten Kirchen von heute die Erwecker, die Propheten, die Meister? Aber wer sehnt sich nicht danach, durch die Stimme eines Propheten oder einer Kirche hindurch, die brennende Aufforderung Jesu: „Komm und folge mir nach!" zu hören und ihm ganz konkret auf dem „Weg" zu folgen, von dem die Apostelgeschichte so oft spricht?

G. D.: Das berührt den Kern meines Werkes. Nicht Buddha steht in der Mitte meines Lebens, sondern Christus, der zuinnerst Rufende, Verpflichtende, der als unsere immanente Transzendenz in uns lebende Christus. Mit dem, was der Osten Buddha nennt, hat er gemein, in uns das überweltliche, universale Sein zu sein, im Unterschied zu Buddha nicht aber allein in ihm zu verharren und sein Ich in ihm aufzuheben, sondern aus ihm heraus Person zu werden, d.h. ein neues starkes Welt-Ich, das zum Zeugen wird des ihm immanenten transzendenten Kerns, des ihm immanenten Christus. Es ist die Sohnwerdung gemäß dem Wort Christi (wie es im Thomas-Evangelium heißt): Ihr müßt Mich in euch finden, dann werdet ihr selbst euch als Söhne Gottes erfahren.

Es geht mir nicht um Erfahrungen der Befreiung oder Erleuchtung, sondern um ihre Frucht, die Verwandlung zur Person. Christus hat uns den Weg vorgelebt, vorgelitten und vorgestorben. So ist er selbst dieser Weg, wie er sagte. Ihm nachzufolgen heißt das Reich zu entdecken, „das nicht von dieser Welt ist". Das aber führt durch den Tod, angefangen von den vielen kleinen Toden, die der Mensch auf dem Weg der Verwandlung zur Person sterben muß. Und Christus nachfolgen bedeutet vor allem, es ihm gleichzutun im Annehmen der drei großen Nöte: des Todes, der Sinnlosigkeit und der Verlassenheit. So ist Christus der Weg zum LEBEN, das aber den Tod zur Voraussetzung hat. Das ist die Grundformel des initiatischen Weges und jeden Schrittes, den der Mensch auf ihm vorangehen kann.

In Jesus schlägt das große LEBEN zum erstenmal in einem Menschen seine Augen auf, nicht nur als innere Gotteserfahrung, sondern als Auftrag, zum Zeugen zu werden, d.h. in menschlicher Gestalt zu verwirklichen, was der göttliche Funke im Menschen bedeutet. Das aber meint einen neuen Menschen. Darum heißt Jesus der zweite Adam. In Jesus, dem Sohn der Welt, hat Christus Menschengestalt angenommen, Christus, der von sich sagt: „Ehe Abraham ward, bin Ich." Damit aber beginnt ein neues Zeitalter in der Geschichte der Menschheit.

A. G.: Und die wahre Berufung der Kirche ist es, jeden Menschen dazu aufzurufen, diese wunderbare Erfahrung in Gemeinschaft mit anderen zu erleben, damit, wie der Psalmist sagt, die ganze Menschheit sich „von Meer zu Meer und bis an die Enden der Erde" auf den Weg macht zu diesem einzigartigen Abenteuer. Dann ist die Kirche das Geheimnis des Herrn selbst unter den Menschen und nicht ein soziopolitisches Imperium... Das ist für jede Epoche die erschütternde und tragische Verantwortung.

VII.
Eine neue Lebenskunst

Alphonse Goettmann: In Deutschland sollen mehr als eine Million Menschen regelmäßig jeden Tag meditieren. Ihr Zentrum ist immer voller Gäste. Man trifft dort Menschen jeden Alters, jeden Berufes, jeder Nationalität. Auch in Frankreich öffenen sich nach und nach mehr Menschen Ihrer Lehre. Aber ist es nicht doch viel interessanter, viel anziehender, Sport und Yoga zu treiben, zu tanzen, als schweigend und in absoluter Reglosigkeit dazusitzen? Woher kommt diese unglaubliche Wende? Ahnt der heutige Mensch, der verstört ist durch Geschäftigkeit und äußere Widersprüchlichkeiten, daß er zur Freude berufen ist, daß er ein ganz anderer werden kann?

Graf Dürckheim: Ja! Im augenblicklichen Chaos fragt sich der Mensch mehr denn je nach dem wahren Sinn seines Lebens. Aber nur durch die Erfahrung wird ihm die Richtung gewiesen. Hier öffnet das Exerzitium der Meditation den Weg zu einer Antwort. Das Exerzitium öffnet, wenn man ihm treu bleibt, den Menschen zu seinem Wesen hin und erlaubt ihm, die göttliche Stimme, die Stimme seines Wesens, zu vernehmen. Das Ertönen dieser Stimme enthält eine Verheißung, einen Auftrag und damit die Geburt eines neuen Gewissens. Im Gehorsam beginnt der Weg der Verwandlung zur Person. Nur so wird der Mensch aus seinem individuellen Wesenskern heraus, ohne die Welt verlassen zu müssen, als Person vollendet.

A. G.: Eine Vollendung, die für unsere heutige Zeit eine Frage auf Leben und Tod wird. Wenn der Mensch unter der Umweltverschmutzung erstickt, wenn er kurz vor einem neuen Weltkrieg steht, so deshalb, weil er innerlich vergiftet ist und aufgehört hat, er selbst zu sein. Aber glauben Sie, daß die Meditation allein genügt, um diese Welt, die offensichtlich am Zusammenbrechen ist, wieder aufzubauen?

G. D.: Sicher kann das Meditieren von Millionen vieles bedeuten. Aber das Meditieren als Exerzitium führt zu nichts, wenn die in ihm geübte Haltung nicht zum Gesetz des Verhaltens im Alltag, d. h. des Verhaltens überhaupt wird. Die Grundtugend ist dann die Wachsamkeit auch im Alltag und in allem Tun, in Einstellung und Haltung in Fühlung mit dem Wesen zu bleiben. Am Anfang macht man Übungen, im Fortschreiten wird man mehr und mehr zum Schauplatz einer von selbst weitergehenden Übung. Dann geht es nicht mehr darum, eine Übung zu können, sondern ohne Unterlaß in ihrem Geiste dazusein. Es gibt eine heitere Definition des Begriffs „Reifen“: „Die Zeit, die man braucht, um festzustellen, daß man schon wieder in einer Fehlhaltung ist, diese Zeit wird mit der Zeit immer kleiner!“ Alltag als Übung bedeutet nie aufhörende Sammlung und Wandlung. Die Grundtugend ist Wachsamkeit. Wenn wir das Sein in uns gegenwärtig halten, werden wir ihm in allen Dingen begegnen. „Wer Gott auf der Zunge hat, dem schmecken alle Dinge nach Gott“ (Meister Eckehart).

A. G.: Wird nicht so der berühmte Satz von Suzuki am besten verwirklicht, den Sie zitiert haben: „Weisheit schaut nach innen, das gewöhnliche Wissen nach außen. Wenn man aber nach innen schaut, wie man nach außen blickt, macht man aus dem Innen ein Außen“, der Satz, den Sie dahin ergänzten, daß man nach außen schauen solle, wie man nach innen schauen sollte, d. h., in beiden Fällen nicht gegenständlich wie das rationale Bewußtsein wahrzunhemen, sondern inständlich immer auf das Wesen bezogen. Das Äußere wird das Erfahrungsfeld für das Innere, und nach und nach sind Äußeres und Inneres Ausdruck ein und derselben Wirklichkeit. „Alles hat Tiefe“, sagt Paul Tillich, und so ist im Grunde auch alles Inneres.

G. D.: Aber dafür brauch man andere Augen und andere Ohren und über eine Kultur der Bücherweisheit hinaus eine Kultur der inneren Erfahrung. Erforderlich ist eine Befreiung von der gewohnten Lebensweise und zugleich eine Öffnung für einen völlig neuen Weg, die treue Gefolgschaft gegenüber einem Auftrag, dessen sich der Mensch nie zuvor bewußt war. Er ist fähig und dazu geschaffen, Zeuge einer anderen Wirklichkeit zu werden, die ihm in einer Seinserfahrung aufgegangen ist. Man darf es wagen zu sagen: Es geht am Ende um eine fortschreitende Vergöttlichung des Menschen und seiner Welt. Der Mensch muß lernen, das göttlich Unsichtbare auch im Sichtbaren wahrzunehmen und selbst das Dunkle als das verhinderte Licht zu verstehen. Dann wird er anders mit ihm umgehen. Dann wird er hören, was man nicht hören kann, spüren, was man nicht tasten kann – mit allen Sinnen nimmt er das Übersinnliche wahr und lernt das Zeitlose im Zeitlichen zu leben.

Zeuge des Göttlichen zu werden, kann auch allein durch die Weise geschehen, in der man mit den Dingen umgeht. Was man auch in die Hand nimmt, im eigentlichen oder übertragenen Sinn, ob man malt oder den Garten bearbeitet, ein Haus baut oder irgendeinem Gegenstand Form gibt – es ist alles Gelegenheit, durch die Materie hindurch das immaterielle Eine wahrzunehmen. Ich habe in Japan einen Bauern beobachtet, der ein Loch in die Wand seines Hauses schlagen wollte. Er überlegte lange: „Wo soll ich dieses Loch machen? Etwas mehr rechts oder etwas mehr links?“ Es gab nur eine Stelle, die für ihn in Frage kam, und mit ihrer Wahl gab er der ganzen Wand eine besondere Gestalt, die etwas von dem enthüllt, was über die sichtbare Gestalt hinausgeht, eine transzendente Dimension, zu der hin auch jedes echte Kunstwerk transparent ist. Für den wahren Künstler ist die Erfahrung eines Hauches von etwas Numinosem in jedem seiner Werke die ihn insgeheim leitende Kraft.

In der Erziehung und Bildung des Menschen, vor allem auch des Kindes, sollte die Bereitung zur Durchlässigkeit im Ernstnehmen seiner numinosen Erlebnisse das Hauptanliegen sein. Auch das Erlernen jeglichen Handwerkes, jeder Kunst sollte als Chance wahrgenommen werden, im schließlich erreichten Können das zur möglichen Erfahrung werden zu lassen, was jenseits allen Könnens ist.

Nehmen Sie z.B. einen Klavierlehrer: Seine Aufgabe ist es nicht nur, seinen Schüler zum perfekten Spiel auszubilden, sondern einen Menschen, ein menschliches Wesen durch das Lernen des Klavierspiels hindurch zu formen, so daß das, was er tut, dem dient, was er werden soll. Der Sinn der Erlernung eines Instrumentes ist dann nicht ein technisches Können oder ein vollendetes Reproduzieren, sondern ein Mensch, der durch seine Musik hindurch, so vollkommen oder unvollkommen sein Können auch sein mag, die jenseits alles Könnens liegende Dimension in sich wahrzunehmen vermag. Das Können wird dann zur Vermittlung einer Weise des Seins. Das rechte Üben einer Tonleiter enthält dann bereits die Chance echter Selbstbegegnung.

Diese Suche nach dem ganz Anderen finden wir auch bei Lipatti, dem großen Meister des Klavierspiels. Man erzählt von ihm, daß er – schon auf der Höhe seines Weltrufes – in dem Bestreben, innerlich weiterzukommen, sich noch einmal einem Meister in die Hände gab, der ihn ein Jahr lang nur drei Töne in ewiger Wiederholung spielen ließ, ganz nach innen gewandt. Und so erst vollendete sich sein Anschlag, der das Geheimnisvolle seines Spiels ausmacht.

Im Anschlag allein erscheint schon etwas Anderes als die vollendete Technik. Es ist die Reife des Menschen, die durch ihn hindurchtönt.

Das eigentliche Feld, das Göttliche zu manifestieren, ist die Liebe. In welchem Sinn auch immer von Liebe gesprochen werden mag, ihre Qualität und ihre Größe hängen ab von dem Maße, in dem die Präsenz des Göttlichen durch ihre Äußerungen hindurchschimmert. Es geht nicht allein um die gefühlsmäßige Liebe, die freundlich ist, tröstet, wärmt und beruhigt... sondern durch all dies hindurch, um die Liebe, die im anderen die Wesensmitte erkennt und erweckt. Die menschliche Liebe hält sich in den Grenzen allgemein menschlicher Bedürftigkeit nach Wärme und Geborgenheit. Der Mensch sucht unaufhörlich danach, während die Liebe, die auf den Ruf des Seins antwortet, eine ganz andere ist. Es ist die Liebe, die im Innersten der geliebten Person selbst diesen Schutz, diesen Sinn, diese Wärme erweckt, genau dort, wo sie in der Welt völlig verloren gegangen sind in Angst, Sinnlosigkeit und Einsamkeit. Die Liebe vom göttlichen Kern aus zu vermitteln, bedeutet hier, dem anderen zu helfen, daß er das Leben im Tod findet, den Sinn jenseits von Sinn und Sinnlosigkeit und die Liebe auch in der Verlassenheit.

Derjenige, der in Berührung mit dem Sein ist, weiß auch, daß Trösten gefährlich sein kann, weil es den anderen, statt ihm aus seiner Not zu helfen, verleitet, darin zu bleiben. Vor einiger Zeit schrieb mir jemand, daß er sich in einer ausweglosen Lage befände und bat um ein Wort des Trostes. Ich kannte diesen Menschen gut und antwortete ihm: „Selbst wenn ich ein Wort des Trostes hätte, würde ich es Ihnen nicht geben, denn dann würde ich Sie befähigen, statt zu springen, in Ihrem Loch zu bleiben."

A. G.: Dieser Sprung vom „lieben" Humanismus zur Vergöttlichung bedeutet für die, die bereit sind, ihn zu leben, eine radikale Unstellung... „Die wahre Moral belächelt die Moral", sagte Pascal, da der Mensch leben möchte und nicht ein Don Quichotte sein, der gegen Windmühlen kämpft. Gott fordert den Menschen zu einer tiefgreifenden Wandlung auf: vom Geschaffenen zum Ungeschaffenen zu kommen, vom Menschlichen zum Göttlichen, vom Sichtbaren zum Unsichtbaren, von der Moral zur Vergöttlichung in ihm selbst und durch alle Dinge hindurch, die er tut. Jeden Augenblick ist er von dem „dreifachen Strahlen" berührt, wie die Liturgie singt, und das in einer sehr realen Weise, wie Sie sagten: Angesichts aller Gefahren der Vernichtung, der Zerstörung, der Einschränkung und des Todes will die Fülle des Vaters uns zeugen... Angesichts der Sinnlosigkeit des Lebens und aller Arten von Verdrossenheit enthüllt das Licht des Sohnes den wahren Sinn aller Dinge... Angesichts der Einsamkeit und der Zerrissenheit vermittelt sich die Liebe durch den Geist. Wenn unsere Gebete uns dazu aufrufen, in die Dreieinigkeit initiiert zu werden, berühren wir den Kern jeder christlichen Anthropologie, der es um nichts anderes geht als um diese Vergöttlichung, diese Transparenz des ganzen Menschen für „das Strahlen der dreifachen inneren Sonne", und so darum, eine Person zu werden, die vom Bild Gottes in sich widerscheint.

Man kann sagen, daß die Vermählung des Göttlichen mit dem Menschlichen in jedem Augenblick geschehen kann, in unserer Haltung, unserer Art zu gehen, zu sitzen, in unseren fünf Sinnen zu sein, den Menschen oder Dingen zu begegnen, durch jede Handlung, jeden Gedanken oder jedes Gefühl. Sie ist die wahre Berufung des Menschen, ohne die nichts Bestand hat.

Könnten Sie vielleicht genauer beschreiben, wie man in seiner Ganzheit als Leib, Seele und Geist in diese Verwandlung einbezogen sein kann, für die der Alltag der Meister ist?

G. D.: Es gibt nichts außerhalb des dreifachen großen Lebens, das in allem ist, was lebt. Unser Leben, unser ganzer Alltag müßte durchzogen und getragen sein von einer Haltung, in der die Fülle, das Licht und die Einheit des Seins schöpferisch und ewig verwandelnd mitschwingen. Auch der Anfänger auf dem Wege, der noch von seinem Welt-Ich besessen ist, müßte bald lernen, die dreifache Forderung in all seinem Dasein und Tun zu spüren. Gefordert ist eine ständige Wachsamkeit; fruchtbringend ist es, immer wieder einmal stehenzubleiben, Abstand zu nehmen und nach innen zu horchen, nach innen hinein in das, was uns umgibt, und das, was in uns selbst ist. Dann bemerkt man es, wenn man den goldenen Faden, der mit dem Wesen verbindet, losgelassen hat und schon wieder in einer falschen Haltung ist. Wir müssen so, wie der Jagdhund innehält, wo ein Wild seinen Weg kreuzte, und der Spur nachgeht, weil er in der Witterung bleibt, hellfühlig sein für jeden Augenblick, in dem uns das Göttliche berührt, und ihm auf der Spur bleiben.

In Japan fragte mich ein Freund, ob ich Za-Zen übe. Ich antwortete: „Ja".

Er fragte: „Wann?"

„Morgens von sieben bis acht."

„Oh, dann haben Sie noch nichts verstanden. Wenn Sie nicht den ganzen Tag weitermachen, nützt es Ihnen nichts."

Aber wenn ich gesagt hätte: „Ich übe den ganzen Tag", hätte er mir geantwortet: „Das nützt Ihnen gar nichts, wenn Sie nicht morgens zu einer festgesetzten Stunde üben und sich in der rechten Weise auf den Tag einstellen." So gehört also beides zusammen, um den Menschen in einem Zustand dauernder Wachsamkeit zu halten. Wer wirklich auf dem Wege ist, ist in nie endender Bewegung. Dabei aber hängt alles auch davon ab, wie man im Leib da ist, im Leib, der man ist, d. h. in der rechten Gebärde. Verkrampft, mit hochgezogenen Schultern, oberflächlicher Atmung, eingezogenem Bauch und mit Füßen, die keinen Kontakt zum Boden haben, ist es nicht möglich, innerlich in der rechten Weise und zum Innersten geöffnet dazusein. Die falsche Haltung ist ein Gefängnis, und solange der Mensch die vom kleinen Ich verschlossene Tür nicht hat aufbrechen können, gibt es keinen Fortschritt auf dem inneren Weg.

Es gibt auch den falschen Heiligen, dessen Ausdruck zeigt, daß das, was von ihm ausgeht, nicht aus einem liebenden Herzen fließt, sondern mehr Ausdruck einer Pflichtübung ist.

A. G.: „Ein Heiliger, der traurig ist, ist ein trauriger Heiliger", das weiß jeder. Und die letzten Jahrhunderte des spirituellen Voluntarismus haben oft in die Suche nach Innerlichkeit einen subtilen Hochmut gebracht, der die Dämonen auf die Straße gejagt hat, wenn nicht sogar in die Klöster und die Gemeinden, wo man sich so oft gegenseitig bekriegt.

G. D.: Der Mensch ist ein untrennbares Ganzes. Wenn er sich selbst geteilt versteht, Leib und Seele trennt und den Geist – ich weiß nicht wo sucht, wie soll er da anderen Zeugnis ablegen von jener allumfassenden Einheit im Grunde?

A. G.: Ist die richtige Haltung in der Einheit von Leib, Seele und Geist für einen handwerklich Arbeitenden nicht leichter als für einen Intellektuellen, dessen Kopf immer in Aktion ist?

G. D.: Man muß unterscheiden zwischen dem Geistesarbeiter, der sich seiner notwendigen und nützlichen *ratio* bedient, und dem Rationalisten, der sich völlig mit seinem Verstand identifiziert. Ich glaube, daß am Anfang des Weges aller großen Mathematiker oder Physiker ein geistiger, wenn nicht geistlicher Impuls steht, die Ahnung eines Wunders, das zu finden sie aufbrechen, ein Überrationales, zu dem die *ratio* aber den Schlüssel liefert. Der Augenblick der Lösung eines jahrelang ihn beschäftigenden Problems kann für den Physiker z. B. den Charakter einer Seinserfahrung haben, das Finden einer Lösung im Endlichen den Charakter eines Unendlichen. Sein Beruf kann seine Weise sein, der Sehnsucht nach dem Geheimnis des Lebens nachzugehen und sich vom Strom des Unendlichen ergreifen zu lassen. Es ist eine fromme Haltung im wahren Sinn des Wortes. Eine solche Grundhaltung ist auch in einem Laboratorium möglich.

A. G.: Einstein hat die Relativitätstheorie in einer wunderbaren spirituellen Erfahrung, einem leuchtenden Aufblitzen des Seins entdeckt. Ihre rationale Nachprüfung geschah erst später und ist noch lange nicht beendet. Wird sie es je sein? Denn um wirklich zu verstehen, müßte man die gleiche Erfahrung wieder machen, anstatt sich den Kopf zu zerbrechen. Es gibt den Krampf der Mathematiker, wie es den Krampf der Heiligkeit gibt!

Aber damit wenden wir uns jetzt den Schulen zu. Was für Menschen gehen aus ihnen hervor?

G. D.: Das Problem ist sehr allgemein. Sieht und sucht man den Menschen im Menschen, so kann es einem nicht verborgen bleiben, daß er heute schon in der Schule einer Einschränkung, wenn nicht einer Verstümmelung ausgesetzt ist. Die Erziehung unserer Tage gefährdet das Meschliche im Menschen in besonderer Weise und versäumt die Chancen, es zu entwickeln, die in jedem Beruf enthalten sind. Aber greifen wir ein besonderes Gebiet heraus: den Sport.

Es ist tragisch, wie hier eine der größten Chancen zur Bildung des ganzen Menschen durch das Vorherrschen des Leistungssports, ja immer mehr des Spitzenleistungssports, vertan wird. Gewiß wird es den Wettkampf um die beste Leistung und die Ehrung des Siegers immer geben. Aber wo der Sieg und der Wettkampf zum ganzen Sinn des Sportes wird, ist seine eigentliche menschliche Chance vertan: das Können in den Dienst des Werdens zu stellen.

Ich erinnere mich an ein Seminar anläßlich einer Gymnaestrada mit Sportlern. Ich fragte sie nach persönlichen Erfahrungen in verschiedenen Disziplinen, nach besonderen Erlebnissen z.B. beim 400-m-Lauf, worauf ein Teilnehmer mir etwa folgende Geschichte erzählte: Er sei nach langer Krankheit zum erstenmal wieder 400 m gelaufen. Zu seiner größten Überraschung erreichte er dabei die schnellste Zeit seiner bisherigen Laufbahn. Dabei sei es ein ungeheures Erlebnis gewesen, als er fortschreitend spürte, daß nicht er es war, der da lief, sondern sein Laufen der Ausdruck für das Getragensein von einer ganz anderen Kraft war, nicht mehr von seinem Ich gesteuert und angetrieben. Am Ende fühlte er sich in eine Stimmung tiefer Frömmigkeit versetzt. Und jetzt, heute erst, durch meine Frage einer anderen Sicht geöffnet, wußte er, daß dieser Lauf nicht nur der Höhepunkt seiner sportlichen Laufbahn war, sondern der Augenblick hätte sein können für den Anfang eines neuen Lebens. Auch seine sportliche Technik hätte er fortan nicht nur in den Dienst einer Höchstleistung stellen dürfen, sondern in den Dienst einer Verfassung, in der kraft zunehmendem Könnens sein kleines ehrgeiziges Ich fortschreitend hätte zurücktreten können und eine Reifung des ganzen Menschen möglich gewesen wäre, wovon er aber nichts gewußt hätte. Dann wäre sportliches Üben auch Vorbereitung auf die Möglichkeit des Freiwerdens einer Kraft von transzendenter Bedeutung.

Hier vereinigt sich dann die Arbeit an sportlicher Leistung mit der Arbeit an den Bedingungen zu menschlicher Reife. Je mehr das Ich zurücktreten kann, desto mehr kann das Wesen hervortreten. Ihre größten Früchte sind freilich selten, aber der Sport als Ganzes, insbesondere schon auf der Schule, könnte einen anderen Sinn haben, wenn er nicht nur dem Ehrgeiz durch das Steigern meßbarer Leistung diente, sondern dem Reifen zu einer leib-seelischen Ganzheit, in der der ganze Mensch mit seiner metaphysischen Tiefe entwickelt würde.

A. G.: Das Zur-Schau-Stellen, die Bewertungen und die Politik haben die mystische Haltung früherer Zeiten verdrängt. Die berühmte Katharsis der Griechen, die nicht nur im Theater, sondern auch bei den Olympischen Spielen erlebt wurde, bewirkte beim Teilnehmer wie beim Zuschauer ein Aufleuchten des Göttlichen. Vielleicht ist ein kleiner Überrest davon das Schreien der Menge in einem Stadion. Ich glaube nicht, daß es sich dabei nur um eine kollektive Psychose handelt. Ist es nicht vielleicht ein Enthusiasmus, der sich seiner Bedeutung nicht bewußt ist, der aber dennoch En-thusiasmus ist? En-theos bedeutet auf Griechisch: in Gott sein ... Früher bildete die griechische Erziehung liturgische Menschen aus; ihre Spiele nahmen, wie Musik und Künste, in den Schulen den ersten Platz ein. Es war die wahre Ausübung eines Kultes. Heute findet man diese Verehrung im japanischen Bogenschießen; Sie haben, glaube ich, damit Erfahrung gemacht?

G. D.: Ja, während meines Aufenthaltes in Japan übte ich jahrelang die Kunst des Bogenschießens unter einem Meister, der mit dem Meister von Eugen Herrigel* verbunden war. Der Schüler lernt drei Jahre lang, aus drei Meter Entfernung auf ein Strohbündel von einem Meter Durchmesser zu schießen. Es geht also nicht darum, eine Scheibe zu treffen, sondern darum, ein Können in der Durchführung und im Zusammenspiel aller Bewegun-

* Vgl. Eugen Herrigel: „Zen in der Kunst des Bogenschießens“, O. W. Barth Verlag.

gen zu lernen, deren Gesamtheit die Bedingung für den vollendeten Bogenschuß ist. Ziel ist es, eines Tages nach Jahren der Übung zu einer vollkommenen Beherrschung der Technik zu gelangen, die keine Beteiligung des kleinen Ichs mehr erfordert, seiner Mühe um das rechte Können, seines Ehrgeizes, zu treffen, seiner Angst, zu fehlen, so daß schließlich eine vom Ich gereinigte Technik einer tieferen Dimension im Schützen zur Verfügung gestellt werden kann, die dann durch ihn, aber ohne sein Zutun, den vollendeten Schuß vollbringt. Nicht mehr ich schieße, sondern Es schießt durch mich hindurch in einer Weise, in der in der vollendeten Handlung das ewige Lied des Seins erklingt, erschütternd und beglückend nicht nur für den Schützen, sondern, – für den, der „Augen hat zu sehen", – auch für den, der ihn sieht. Und diese Erfahrung ist der Sinn des Bogenschießens, nicht das unfehlbare Treffen der Scheibe. Und Bogenschützenvereine, denen es nur um das gesicherte Treffen geht, haben leider nichts vom menschlichen Sinn dieser Kunst verstanden.

Der gleiche Geist waltet auch in den anderen altjapanischen Künsten, insbesondere dem Blumenstecken und der Teezeremonie. Auch hier liegt die Bedeutung in der Vorbereitung. Den Tee zuzubereiten bis zu dem Augenblick, in dem man ihn zu sich nimmt, erfordert eine bestimmte Anzahl von Bewegungen. Man lernt jede Bewegung vollkommen auszuführen und dann alle Bewegungen in einem vollendeten Fluß ablaufen zu lassen. Nicht nur für den, der die Teezeremonie vollzieht, sondern auch für den, der als Schauender an ihr teilnehmen darf, besteht dann die Möglichkeit einer tiefen Erfahrung.

A. G.: Dies ist sicher eine recht ungewöhnliche Möglichkeit, etwas darüber zu lernen, welchen spirituellen Wert die einfachen, alltäglichen Bewegungen haben...

G. D.: Gewiß, denn alles wahrhaft Gekonnte enthält die Chance, das Gegenwartsbewußtsein in tiefere Kanäle zu lenken. Dann kann alles zu einer Übung werden und das vollendete Können für das wachsame Gemüt die Chance tiefer Erfahrungen enthalten. Mein Meister Teramoto sagte mir, daß eine Übung für ihn am Morgen sei, sich zu rasieren: Es bestünde aus einer Folge von täglich wiederkehrenden Bewegungen, und er habe, indem er versuche, sie zu vervollkommnen, im Fluß der Bewegungen die Möglichkeit einer tiefen Erfahrung.

Man sieht nur dort etwas, wo man hinschaut, und man findet nur dort etwas, wo man sucht. Man kann jederzeit und bei jeder Gelegenheit das innere, sensitive Bewußtsein entwickeln, den Sinn für das Numinose. Solange diese Bemühung nicht zum täglichen Leben gehört, geht man an seinem eigentlichen Sinn vorbei, im Zeitlichen das Zeitlose zu erfahren und darzuleben.

Eine so einfache Handlung wie das Gehen kann eine ausgezeichnete Möglichkeit sein, etwas über die Transparenz für das Sein zu lernen – nichts anderes als das bewußte Gehen. Das ist übrigens im japanischen Zen eine wichtige Übung: das Kin-Hin, das langsame Schreiten, das die Übung des Sitzens in gewissen Zeitabständen unterbricht. Schreiten, nichts als Schreiten in völliger Stille. Es geht darum, den Vorgang des Gehens aus der Mitte heraus zu vollziehen und sich in ihm seiner selbst voll bewußt zu sein.

Auch auf jeden Beruf läßt sich das anwenden. Die Weise, in der ein Buchhalter, der den ganzen Tag nur Zahlen schreibt, da ist und diese Zahlen schreibt, kann ein Gebet sein. Im Grunde muß das In-Anspruch-Genommensein selbst durch eine mechanische Arbeit kein Hindernis sein für die Berührung durch das Sein. Es geht nur darum, gegenwärtig zu haben, wie ich in der Arbeit, die ich gerade tue, den Kontakt mit der anderen Dimension zu bewahren und zu bezeugen vermag. Genauso ist es bei allen handwerklichen Arbeiten. Beobachten Sie einen Maurer, die Art und Weise, in der er den Zement gegen die Wand wirft – was für eine wunderbare Bewegung kann das sein. Es ist wie ein Tanz. In der Wiederholung dieser Geste kann für den meisterlichen Maurer eine numinose Stimmung entstehen; oder ein Maler, der immer dieselbe Bewegung tut; ich kenne Maler, für die das Anstreichen mit seinen simplen Wiederholungsbewegungen eine wahre spirituelle Übung ist; oder ein Bauer beim Mähen: das kann in seiner Erfahrung eine religiöse Handlung sein. Betrachten Sie nur sein Gesicht! Oder die Schuster, die Schmiede... In den Werkstätten, in denen sie seit langen Jahren arbeiten und immer die gleichen Bewegungen ausführen, herrscht eine Atmosphäre, die für den Empfindsamen einen Hauch des Numinosen enthalten kann.

A. G.: Leider gibt es auch all jene Berufe, die weniger mit der menschlichen Natur in Kontinuität und Harmonie sind... Ich denke an den unter der Fließbandarbeit leidenden Arbeiter, an jene, die ich in Asbestanzügen bei tausend Grad Hitze an Hochöfen arbeiten sah, oder andere, die vierhundert Meter unter der Erde, gebückt in der nassen Dunkelheit einer Kohlenmine stehen. Ich habe selten so sehr das Geheimnis des Lebens erlebt, als in der Begegnung mit diesen erschreckenden und verzerrten Gesichtern, die doch durch einen Blick verwandelt waren, der mich in meine eigenen Tiefen versenkte... Aber haben diese Menschen ein Bewußtsein davon, daß sie so sehr Zeugen des Lichtes sind?

G. D.: Ihre Situation ist vergleichbar mit jener der Soldaten, von denen wir sprachen, die an der Front sind und ununterbrochen mit der Gefahr, dem Tod und der Möglichkeit, nicht wieder zurückzukehren, in Berührung kommen. In dem Maß, wie sie das Unannehmbare annehmen, können sie von einem Gefühl tiefer Befreiung inmitten der Gefahr, in der sie sich befinden, und von großer Heiterkeit erfüllt sein, ja gerade in der Nähe des Todes das Leuchten des Lebens verspüren, ohne besonders darauf aufmerksam gemacht zu werden. Jedenfalls kann keine Situation, insbesondere nicht der an die Grenze der Kraft und in die Nähe des Todes heranführende Augenblick, einen Kontakt mit dem Numinosen verhindern. Im Gegenteil: Das Umgekehrte ist häufig der Fall. So ist auch der Mensch, den man den Kühnen nennt – ich wiederhole das Beispiel –, der Bergsteiger oder der Rennfahrer oder wer auch immer das Äußerste riskiert, oft der, der in der Nähe der Vernichtung das Erfahren des Nicht-Vernichtbaren sucht.

VIII.
Schatten und Licht auf dem Weg

ALPHONSE GOETTMANN: Vor einigen Jahrtausenden sagte Patanjali, der Vater des Yoga: „Die Übung, das ist die Intensität der dauernden Wachsamkeit." Anders gesagt, ob es nun um Meditation oder um den Alltag als Übung geht, alles ist im Grunde Aufmerksamkeit; sie ist die Grundhaltung und der Schlüssel für die Erweckung des Göttlichen. Alle religiösen Traditionen und spirituellen Weisheiten sind sich darin einig. Wie aber wird aus dieser Überzeugung Wirklichkeit? Darin liegt das eigentliche Problem. Wie kann man eine gleichbleibende und ununterbrochene Aufmerksamkeit haben in einer Welt, die sich Mühe gibt, sie immer zu zerstören und uns zu spalten? Laufen unsere schönen Vorsätze nicht Gefahr, toter Buchstabe zu bleiben?

GRAF DÜRCKHEIM: Die dauernde Wachsamkeit ist die wichtigste Tugend, in der wir uns zum Fortschreiten auf dem inneren Weg üben müssen. Es handelt sich um einen Zustand kritischer Wachheit, der ohne Unterlaß alle Bewegungen von Leib und Seele unter Kontrolle hält, das bedeutet: möglichst alle Abweichungen der Haltung vom Wege automatisch registriert. Das ist sehr schwierig. Es geht dabei um eine besondere Aufmerksamkeit. Aufmerksamkeit enthält im Französischen das Wort „Spannung" (attention – tension): Es ist eine gespannte Bezogenheit auf einen möglichen Kontakt mit der eigenen Tiefe. Dr. Stachel zeigt in einem Artikel, was Za-Zen dem Christen geben kann, und er gesteht bei dieser Gelegenheit, daß er es dem Za-Zen zu verdanken hat, wenn er gelernt hat, das Vaterunser ohne Zerstreuung zu beten.

Aber was heißt „zerstreut sein"? Ich frage einmal Romano Guardini, was er davon hielte, wenn ein Kind mit großer Regelmäßigkeit beim Beten des Vaterunsers gähne. Er antwortete:

„Das sollte nicht sein, das wäre doch Zerstreutheit." Ich erwiderte, daß meiner Meinung nach nichts dagegen zu sagen sei, denn das Gähnen ist der Ausdruck eines Loslassens aller Spannungen, ja, bisweilen einer Befreiung im Augenblick der Hingabe an Gott beim Beten. Dasselbe widerfährt auch mir heute noch!

A. G.: Sammlung und Gebet sind – wie die Arbeit, vor allem die intellektuelle – praktisch unmöglich ohne Entspannung. Hier liegt die Bedeutung der Eutonie; durch die Entspannung der Muskeln und die Lösung nervöser Verkrampfungen kann man sich aus dem Engpaß, in dem man sich befindet, befreien und viel leichter zur Sammlung gelangen. Die Aufmerksamkeit steht in direkter Beziehung zur Entspanntheit. Aber in welchem Noviziat oder in welcher Schule lehrt man sie?

G. D.: Eine Aufmerksamkeit, die zur Entspannung führt, gibt es nur, wo sie in bestimmter Weise geübt wird, dort nämlich, wo sie ein Verweilen bedeutet in einer Bewegung oder einer Sicht, die schließlich nichts Unbekanntes mehr enthält, so das Verweilen bei einem wohltuenden optischen Eindruck oder in einer rhythmischen Bewegung. Hier liegt der Grund dafür, daß in den religiösen Praktiken aller Welt die aufmerksame Verfolgung des Atems eine Rolle spielt. Die wache Begleitung des Atems ist eine Weise der in der Meditation gewünschten Befreiung von allen Gedanken und Bildern – „der uns umschwirrenden Affenhorde", wie die Zen-Mönche sie nennen.

A. G.: Aber berühren wir hier nicht das Geheimnis aller Genies und vor allem der Heiligen? Die Biographen des Franz von Assisi sagten, daß er sich mit einer ungeheuren Energie auf einen einzigen Punkt konzentrieren konnte. Auch Swami Shivananda spricht sehr viel vom „one-pointed mind", dem auf ein einziges Objekt „zugespitzten" Geist.

G. D.: Spricht man von der Konzentration auf einen Punkt, so ist zu unterscheiden die technische Übung der Konzentration auf einen gegenständlich fixierbaren Punkt wie einen Punkt an der Wand, oder aber die Sammlung auf den „Punkt", mit dem

Gott gemeint ist, die unentwegte Sammlung des Geistes, seine Zentrierung in einem die Präsenz des Göttlichen vertretenden Bild, Ton oder auch einer Gebetsformel.

A. G.: Auch die antike Tradition des „Gebetes Jesu" sammelt den ganzen Menschen in einer einzigen Mitte, dem Herzen ...

G. D.: Ich habe persönlich erfahren, von welch tiefer Wirksamkeit das Gebet Jesu ist. Es ist das christliche Mantra schlechthin. „Die Erzählungen eines russischen Pilgers", die von dieser Gebetspraxis berichten, haben mich seinerzeit sehr in ihren Bann geschlagen. Es ist darin die Rede von einem Buch namens „Philocalie", das mir damals noch nicht bekannt war. Mit diesem Buch erlebte ich eine merkwürdige Geschichte. Ich fragte mich, ob es dieses Buch wirklich gäbe, oder ob es eine Erfindung des Dichters sei. Während ich einmal darübe nachdachte, klopfte der Briefträger an meine Tür und brachte mir eine Postkarte von einer mir unbekannten russischen Dame, die in Paris lebte. Sie schrieb mir folgendes:
„Sehr geehrter Herr, beim Lesen eines Ihrer Bücher kam mir der Gedanke, daß die Philocalie Sie interessieren könnte. Ich teile Ihnen hierdurch die Adresse des Verlages mit, in dem die englische Übersetzung des Originales erschienen ist." Acht Tage später hatte ich die Philocalie in Händen. Welch wunderbares Buch!

A. G.: Pater Lassalle, einer der besten Kenner des Zen im Westen, sagt, daß das Gebet Jesu innerhalb der christlichen Tradition das der Zen-Meditation nächste sei. Nach seiner eigenen Erfahrung spielt darin die Atmung eine ebenso wichtige Rolle wie das Freisein von jedem diskursiven Gedanken, damit man den Ort des Herzens als einende Mitte findet.

G. D.: Ich kenne Pater Lassalle sehr gut. Mit ihm habe ich 1967 auf einer großen „Ost-West-Tagung" zum erstenmal einem deutschen Teilnehmerkreis das Za-Zen vorgestellt und mit ihm geübt. Pater Lassalle hat fast ein halbes Jahrhundert Za-Zen-Praxis, hat viele Bücher über dieses Thema geschrieben und ist kraft seiner Erfahrung davon überzeugt, daß die Tiefe, in die die

Za-Zen-Übung uns führt, den Übenden auch innerlich tiefer zu Christus hin öffnet, zu Christus, dem innerlich Erfahrbaren.

A. G.: Die Übung des Za-Zen ist sicher eine große Schule der Wachsamkeit. Nichts macht einen aufmerksamer für den gegenwärtigen Augenblick als das Sitzen in völliger Reglosigkeit und das Bewußtsein vom geheimnisvollen Leuchten des Lebens; dann ist die Aufmerksamkeit auf dem Gipfel ihrer Intensität.

G. D.: Aber von früh bis spät aufmerksam zu bleiben, ist das Schwierige. Es geht nicht von selbst! Doch eben das ist die Aufgabe: die die Seelentiefe berührende Aufmerksamkeit nicht nur während des Exerzitiums zu üben, sondern auch während des Tages die Verbindung mit der Tiefe zu wahren. Die ständige Wachsamkeit kommt nicht von selbst, sondern ist die Frucht einer unbedingten Entscheidung. Die Tiefe, aus der diese Entscheidung kommt, bestimmt das Maß der Treue, mit der man das Weiterschreiten durchhalten kann. Nur die bedingungslose Entschlossenheit, ein Ziel zu erreichen, z. B. einen Berg zu besteigen, bewahrt vor vorzeitigem Aufgeben. Eine echte Entscheidung für den Weg gründet immer in einer echten Seinserfahrung. Eine solche ist immer zugleich die Geburt eines neuen Gewissens: das große Ja zum inneren Weg. Die für ihn erforderliche Disziplin ist nicht gleich der in der äußeren Welt geforderten, z. B. Pünktlichkeit, sondern eine innere Disziplin, die Ausdruck ist einer Entscheidung, die man aus voller Freiheit sich selbst gegenüber getroffen hat.

A. G.: Das Gelöstsein, die Konzentration auf einen einzigen Punkt und ein in strenger Disziplin gelebter Entschluß sind also die Bedingungen für Aufmerksamkeit. Es scheint mir, daß das Bewußtsein, eine entschiedene Wahl getroffen zu haben und mit seiner ganzen Person danach zu streben, bewirkt, daß sich alles nach diesem obersten Ziel richtet und man all seine Bemühungen vertieft. Anders als bei unklaren oder widersprüchlichen Bestrebungen fordert dieser Entschluß, daß man auswählt, daß man in den Werten und Unternehmungen Prioritäten setzt und oft unter Schmerzen auf etwas verzichten muß ...

Ist das nicht der Sinn des Opfers? In den Augen mancher Menschen verliert man dabei vielleicht etwas oder man spaltet sich auf. In Wirklichkeit sammelt und eint einen ein solcher wahrer Entschluß. Man lebt intensiv in der Gegenwart und formt die Zukunft …

G. D.: Die auf dem inneren Weg erforderliche Disziplin, die die Übung zum Dauerexerzitium macht, bezeichnete man früher als Askese – ein Wort, das unsere Generation nicht gerne hört. Aber was verstand der heilige Thomas von Aquin darunter: „Den zuchtvollen Dienst an einer Verfassung, in der die Fülle des Seins aufrauscht." Welch wundervolle Definition! Die Treue auf diesem Weg führt zur großen Präsenz, zur praesentia Dei, der innnerlich erfahrenen Gegenwärtigkeit des Göttlichen; unschätzbare Erfahrung, auch wenn sie nur flüchtig ist, ein längeres Verweilen in ihr ist selten.

A. G.: Auf diesem Weg können uns Mahnungen zu bestimmten Stunden und gewisse „Merkzeichen" eine wertvolle Hilfe sein …

G. D.: Vielerlei kann uns als Mahnzeichen dienen, das den Zerstreuten auf den Weg zurückruft, wo er abweicht. Dem Schüler auf dem Weg ist es dienlich, irgendeinen kleinen Gegenstand bei sich zu tragen, der ihn immer wieder an seine Verpflichtung zur rechten Haltung erinnert. Für viele ist es das Kreuz, das sie tragen oder eine kleine Ikone in der Tasche. Es kann aber auch immer wieder die Erinnerung an ein Bild sein. Für mich ist es das Antlitz des Herrn auf dem Turiner Grabtuch. Sein Bild hängt seit Jahrzehnten mir gegenüber. Seine Augen scheinen bald geöffnet, bald geschlossen zu sein und rufen immer wieder den, den ich in mir selbst zu suchen habe. Ob das Turiner Grabtuch echt ist oder nicht, ist mir von keiner entscheidenden Bedeutung, wohl aber der Eindruck, den es auf mich macht.

Es braucht aber auch kein heiliges Zeichen zu sein, es kann auch ein kleiner Stein sein, eine Kastanie, die man in der Tasche trägt, oder ein anderer kleiner Gegenstand, dessen Berührung ein Mahnzeichen ist.

A. G.: In jedem orthodoxen Heim gibt es eine Ikonostase, eine Andachtsecke, in der immer ein Licht brennt. Aber auch bei Ihnen brennt eine Kerze …

G. D.: Ja, in meinem Arbeitszimmer brennt immer eine Kerze. – Was auch zur Übung auf dem inneren Weg gehört, ist das Zeremoniell, und zwar das zum Alltag gehörende Zeremoniell, insbesondere das, womit der Tag beginnt und womit er endet. Leider muß ich immer wieder feststellen, daß, wenn ich einen Menschen frage: „Welches ist Ihr Abendzeremoniell?" ich ins Leere stoße. Die aber, die meine Anregung aufnehmen, sind dankbar. Das Zeremoniell, so verstanden, ist ein Zeichen, mit dem man, oft nur mit einer kleinen Bewegung, die Präsenz des Göttlichen grüßt. Jeder kann sein eigenes Ritual finden für die Weise, wie er den Tag beginnt und den Tag beschließt mit kleinen Zeichen, kleinen Gebärden oder einem Gebet, die aber frei sein müssen von Ansprüchen und Wünschen des Welt-Ichs.

A. G.: Und je reiner die Geste ist, je mehr sie frei ist von aller Einmischung des Ichs, desto transparenter wird der Mensch. Aber von der reinen Geste zum reinen Bewußtsein ist ein langer Weg ...

G. D.: Ein Hindernis auf dem inneren Weg ist das, was die Tiefenpsychologie in der Nachfolge von C. G. Jung den „Schatten" nennt. Darunter versteht man nicht-gelebtes Leben, das aus dem Unbewußten herauf zur Befreiung drängt. Es wird als Schatten bezeichnet, weil es, von außen gesehen, eine dunkle Macht ist, die die schöne Fassade gefährdet. Typische Schattenkräfte sind: nicht zugelassene Aggressionen, die aus der Kindheit stammen können, z.B. gegen den Vater oder die Mutter. Schattenkräfte sind verdrängte Energien, die zu integrieren sind, deren Bewußtmachen Aufgabe der Psychotherapie ist. Der Mensch konnte sich nicht in seiner Vollständigkeit entfalten: Seine ursprünglichen Bewegungen wurden unterbunden, seine Wünsche und Bestrebungen immer wieder verdrängt oder unterdrückt, seine schöpferische Kraft an der Entwicklung gehindert, seine natürlichen Ausdrucksweisen, seine Aggressionen oder Ansprüche, selbst das Streben nach schönen Dingen wurden bei einem solchen Menschen durch die Schlüsselfiguren seiner Kindheit erstickt. Die nachwirkende Autorität der für die Kindheit maßgebenden Personen verhindert die Freiheit aus dem Wesen.

Es gehört zur natürlichen Reifung des jungen Menschen der Wunsch, sich früher oder später von der Autorität der Eltern, ja, mehr noch, von der Bindung an das Elternhaus zu befreien. In vielen Fällen geschieht aber das Gegenteil. Der junge Mensch wollte wohl im Unterbewußtsein sich von seinem Vater befreien, ihn „töten". Da er es aber nicht konnte, wendet sich die gestaute Energie gegen ihn selbst. Die nur autoritäre Haltung der Schlüsselfiguren der Kindheit, die der Natur nicht ihren freien Lauf lassen kann, ist – wie nunmehr zur Genüge bekannt – Ursache vieler Mißbildungen der Menschen unserer Tage. Es gibt den Vater, der zu seiner Familie sagt: „Ich weiß gar nicht, was sie wollen. Immer sprechen sie von ihrer Freiheit. In meinem Haus kann doch jeder tun, was ich will!" Der Wunsch, sich vom Vater oder der Mutter zu befreien, wacht irgendwann einmal in jedem jungen Menschen auf. Aber viele wagen es auch heute nicht. Die sich durch falsche Erziehungsprinzipien im Unbewußten bildende Aggressivität gegen alle Autorität ist auch die Quelle unbewußter Aggressionen gegen die Übermacht Gottes.

A. G.: Wenn man einmal das Verhältnis zu den Eltern geklärt hat, bleibt immer noch die Frage „Wer spielt heute für mich diese verführerische Beschützerrolle der Mutter oder des Vaters?" Kaum hat man die Nabelschnur durchschnitten, hat man sich schon anderswo ein warmes Nest zurechtgemacht: in der Familie, in der Gemeinde, in der Kirche oder einfach in einer Freundschaft; sogar der Trost, der in einem Haus oder Wagen liegt, kann schließlich Inhalt einer sehr zwiespältigen Beziehung sein und den Menschen daran hindern, er selbst zu sein ...

G. D.: Schattenkräfte erzeugen gifte Dämpfe, die über der ganzen Atmosphäre eines Menschen, seiner Ausstrahlung liegen. Die Quelle der den Menschen und seine Atmosphäre vergiftenden Kraft sind gewiß nicht nur die Eltern, sondern die Gesamtheit der durch eine Gesellschaftsordnung verpflichtenden und natürliche Impulse vernichtenden Gebote und Gesetze. In der heutigen Jugend, die durch ein immer engmaschigeres Netz moderner Leistungsordnung an ihrer natürlichen Bewegungsmöglichkeit und Freiheit weitgehend verhindert ist, erscheinen die Folgen in der Zunahme von Gewalttätigkeit und Aufruhr. Zu all dem kommt hinzu, daß jeder Bürger sich selbst einem Bild, einem Image, verpflichtet fühlt, das die Vielfalt seiner natürlichen

Impulse beschneidet. Doch ohne Beschneidung individueller Triebe gibt es auch keine personale Entwicklung.

A. G.: Außen weiß, innen schwarz ... ein wenig wie die vielen Kirchen in Rom: Manche von ihnen sind Meisterwerke der Architektur, aber viele davon haben nur eine wunderbare Fassade, hinter der sich, wenn man nachsieht, ein häßliches Haus verbirgt ... Der Mensch versucht den Schein zu wahren und verbirgt das Wesentliche.

G. D.: Die unheilvollste aller Verdrängungen ist aber die Verdrängung des Wesens, der Weise, in der das Überweltliche in uns anwesend ist und in uns Gestalt werden möchte. Der tiefste Schatten ist also das in uns verdrängte größte Licht, der nicht zugelassene immanente Christus. Er ist auch für die natürliche Persönlichkeit die gefährlichste Schattenkraft. Ihr Durchbruch, der die Weltkräfte und ihre Ordnungen über den Haufen wirft, kann zugleich eben jene Seinserfahrung sein, mit der die Einweihung in ein neues Leben anhebt. Die Unfähigkeit des natürlichen Bewußtseins, in allem Seienden, insbesondere in uns selbst das Sein wahrzunehmen, ist die Quelle unseres eigentlichen Leidens. Der Augenblick, in dem ein Mensch sich der Verdrängung seines Wesens bewußt wird und die Wesenlosigkeit seiner bisherigen Daseinsform erkennt, kann den Anfang eines neuen Lebens kennzeichnen, des Lebens auf dem initiatischen Weg.

A. G.: Dieser „Schatten", der alles durchdringt und uns in der dauernden Lüge uns selbst gegenüber leben läßt, weit entfernt von unserer innersten Wahrheit – kann man sich nur durch die Meditation von ihm befreien, oder kann man auch andere Therapien anwenden?

G. D.: Es ist eine lange eigene Arbeit, die mächtigen Energien des Schattens unterscheiden zu lernen und sie zu integrieren. Aber auch der Mensch, der sich der Unterdrückung seines Wesens bewußt geworden und entschlossen ist, um jeden Preis das harte Exerzitium einer regelmäßigen Meditation auf sich zu nehmen, tritt in einen Prozeß der Verwandlung ein und kann auf diesem Weg fortschreiten und dem großen Licht immer näher kommen. Ein Ankommen gibt es nicht, der Weg ist das Ziel, der Weg, auf dem man nicht mehr stehen bleibt.

Ihre Frage, ob man sich nur durch Meditation vom Schatten befreien kann, würde sich angesichts der Vielfalt meditativer Praktiken dahingehend beantworten, daß sie zum Fortschreiten auf dem inneren Weg gehört. Aber manch frommer Sünder mag schon festgestellt haben, daß der in der Meditation gesuchte „Heilige Geist“ allein ihn nicht von seinen Komplexen befreit hat. So bildet die tiefenpsychologische Erhellung des das Wesen blockierenden Unbewußten einen notwendigen Bestandteil der Arbeit auf dem inneren Wege. Sie verhindert auch, daß die Meditation selbst zu einer weitergehenden Verdrängung statt zu einer Befreiung des Unbewußten wird. Aber es ist wichtig, die Psychotherapie, die die Befreiung von Schattenkräften im Dienst des Welt-Ichs zum Ziel hat, von der Therapie zu unterscheiden, die sich auf der ganzen Linie im Dienste der Befreiung des Wesens befindet.

Eine meiner Mitarbeiterinnen übte vor einiger Zeit in einem Kloster mit sieben Nonnen Psychodrama. Sie war tief erschüttert, als während des Spieles mit einem Mal eine der Nonnen ihr Innerstes öffnete und dabei deutlich wurde, in welchem Ausmaß sie durch Jahrzehnte hindurch nur die schöne Fassade gelebt hatte. Gewiß kein einzelner Fall. Bei einer anderen Nonne zeigte es sich, daß sie in Wahrheit nicht mehr wußte, wie man wirklich betet. Aber welcher Mensch verbirgt nicht seine Wahrheit hinter einer Fassade, seiner „Persona“, ohne die er sich aber auch gar nicht in der Welt halten könnte. Der natürliche Selbsterhaltungstrieb zwingt oft zu einer Verlogenheit in der äußeren Erscheinung. Aber das Bewußtwerden dieser Verlogenheit bringt manch einen zur Umkehr.

Neben dem Psychodrama entwickeln sich heute immer mehr Methoden für den einzelnen wie für die Gruppe, deren gemeinsamer Sinn die Befreiung des Menschen zu seiner inneren Wahrheit ist. Und immer häufiger werden auch die Ansätze, die Ebene des natürlichen Menschen zu überschreiten, in jüngster Zeit unter dem Namen „Transpersonale Psychologie“.

Es gibt vielerlei Blockaden, an deren Beseitigung unsere Zeit arbeitet: die Blockaden der Natur, der natürlichen Humanität, der die traditionelle Therapie, die Gestalttherapie u. a. gelten, und eine Blockade der Übernatur, der die initiatische Therapie gewidmet ist. – Aber Analysen, vor allem Selbst-Analysen ohne fachgemäße Führung, können auch gefährlich sein.

A. G.: Daher kommen wohl auch die unbegreiflichen Selbstmorde nach Jahren der Analyse. Eine Therapie, die die spirituelle Dimension des Menschen nicht mit einbezieht, ist zum Scheitern verurteilt. Hat Christus selbst nicht zu den Kranken gesagt: „Kommt zu mir, ... ich werde euch erquicken." Er sagt es auch heute noch durch die Liturgie und die Sakramente hindurch, die Zeichen seiner Gegenwart unter uns. Dadurch sind schon viele Menschen geheilt worden.

G. D.: Das geschieht aber wohl nur in dem Maße, wie ein gläubiger Christ als ganze Person an der Liturgie teilnimmt, wie man sein kleines Ich draußen läßt und bereit ist, sich ganz zu geben. Nur dort, wo man bereit ist, sich ganz dem zu öffnen, der über einem ist, kann man in die eigene Tiefe gelangen. In der Haltung echter Demut können auch Schattenkräfte sich auflösen. Es ist gewiß, daß in einem wahrhaft religiösen Menschen eine Kraft am Werk ist, die tiefgreifende Konflikte in anderer Weise löst als eine schulgerechte Psychologie. Die Forderungen und Möglichkeiten des überweltlichen Wesens greifen auch weit über die Möglichkeiten und Forderungen des natürlichen Menschen und seiner Ethik hinaus. Gutes zu tun, um Schlechtes zu verbergen, ist eine oft angetroffene Perversion menschlichen Verhaltens. Das Licht scheinbarer Nächstenliebe verdeckt in Wahrheit einen verborgenen Schatten.

Wodurch auch immer die Erweckung des Wesens, religiöses Erwachen, stattfinden mag – eine Erweckung gibt noch keinen Erweckten. Wohl kann ein erstes Erwachen die Tür zu einem neuen Leben aufstoßen, und wenn es den Namen eines initiatischen Erlebens verdient, den Menschen zum Antreten des Weges bestimmen. Aber es ist immer erst ein Anfang, und für den Initianden ist das unaufhörliche Weiterschreiten auf dem Weg erst ein Ziel.

Den das zuallererst betreffen sollte, ist natürlich der Priester. Nie kann die seinem Tun zugrundeliegende Theologie allein ihn auf dem Weg halten, sondern das Durchwirktsein vom Heiligen Geist als Seele *und* Leib. Aber wie wenig merkt man davon gerade auch dort, wo es sichtbar werden könnte und müßte: beim

Zelebrieren der Liturgie. Nur selten sind heute die Gebärden des Zelebrierenden noch Ausdruck des ihn bewegenden göttlichen Geistes. Die liturgische Gebärde! Das müßte ein Mittelpunkt der priesterlichen Erziehung sein. Das Insgesamt der Gebärden der liturgischen Handlung ist, wo sie sich vollenden, wie ein sakraler Tanz, der bewegter Ausdruck ist für die Präsenz der immanenten Transzendenz. Worte und Bewegungen, losgelöst von dieser Quelle, sind ohne Wirkung. Wo der Priester versteht, daß das Zelebrieren Medium und Ausdruck einer Verwandlung seines eigenen Leibes sein soll, springt der Funke auch auf die Gläubigen über. Ich weiß wohl, daß die Wirkung des Sakramentes nicht nur vom Verhalten des Priesters abhängig ist, aber seine rechte Weise, dazusein, könnte helfen, den Gläubigen für das geheime Wirken zu öffnen.

A. G.: Ich fühle mich sehr betroffen von all dem, was Sie sagen, und bin mir meiner Verantwortung sehr bewußt, denn auch ich war einer dieser Priester, die sehr nüchterne Messen zelebrierten ohne alle Gebärden und Ausschmückungen, in fast völliger Reglosigkeit. Als ich als orthodoxer Priester in das Zelebrieren der heiligen Mysterien initiiert worden war, unterwarf ich mich wochenlang – und tue es auch heute noch – strengen Exerzitien zur Entspannung, für die richtige Atmung und Haltung, für reine Gesten und Stimmausgleich, und machte Gesangsübungen ... Es geht nicht nur darum, einen Ritus zu beherrschen, sondern zu einer anthropologischen Ganzheit zu gelangen, zu der mich die Kirche einlädt, sei es in der Liturgie, in der Theologie oder einfach im christlichen Leben.

IX.
Engagement: Kreuz Christi oder Rotes Kreuz?

Alphonse Goettmann: Wir beschäftigen uns schon eine ganze Weile mit dem initiatischen Weg, aber könnte das nicht den Eindruck machen, als sonderten wir uns ab? Was wird aus den anderen, aus der Menschheit, der Welt, während wir uns mit unserem Innenleben beschäftigen? Müssen wir nicht angesichts der politisch Aktiven, der Kämpfenden, der Streikenden, all jener, die sogar ihr Leben einsetzen für eine gerechtere Welt, als Menschen gelten, die Nabelschau treiben?

Graf Dürckheim: Es war einmal ein japanischer Meister, der regelmäßig einen Gang durch sein Kloster machte. Eines Tages begegnete er dem Koch, der zu ihm sagte: „Meister, ich bin Kommunist, also denke ich an die anderen. Und wenn ich koche, denke ich an unsere Mönche, um ihnen gutes Essen zu bereiten ..." Einige Zeit darauf nahm er sein Herz in beide Hände und fragte: „Meister, an wen oder an was denken Sie den ganzen Tag?" „Oh", antwortete der Meister, „ich denke nur an mich selbst ..." Der Koch ist entsetzt. „Was soll das heißen: Ich denke den ganzen Tag nur an mich?" Diese Frage wird oft gestellt: „Müssen Menschen, die viel meditieren und den inneren Weg gehen, nicht egozentrisch werden und den Sinn für den Mitmenschen verlieren?" Gewiß wird sich der Anfänger auf dem Weg des Meditierens gern eine Weile in die Einsamkeit zurückziehen und den Anschein erwecken, ein Egoist geworden zu sein. In Wahrheit vergräbt der Meditierende sich nicht in seinem Welt-Ich, sondern versucht, sich ins überweltliche Sein zu vertiefen. Das erfordert – wir sprachen davon – zunächst eine unerläßliche Arbeit am eigenen Unbewußten und an sich selbst, nicht am anderen. Man beschäftigt sich mit sich, aber mit welchem Ziel? Sich selbst in seiner transzendenten Tiefe zu begegnen, sich des überweltlichen Seins, so wie es den eigenen Kern bildet, inne zu werden. Und was könnte das uns immanente Göttliche anderes sein als allem zuvor die alldurchwaltende Liebe? Wer wirklich an seinen Kern kommt, kann nicht anders, als von ihr ergriffen zu werden. Also fern davon, ein Egozentriker zu werden, gelangt der Meditierende in dem Maße, als er in seine Mitte kommt, auf den Pfad der mitmenschlichen Liebe, die zutiefst nichts anderes ist als die universelle Liebe.

Freilich entdeckt man oft, daß der Eifer des Anfängers zu einer Entfernung vom Wesentlichen führt, dem sich zu nähern doch sein Bestreben ist. Das große Ärgernis bei den „Konformisten" und Pharisäern ist gerade dieser „Schatten", den das Welt-Ich auf das heilig scheinende Tun wirft. Er ist gerade im Gewande des Gerechten das erstickte Leben, der nicht gegangene Weg und die nicht erkannte Wahrheit.

A. G.: Was bringt man denn den anderen, wenn nicht sein eigenes Elend!

G. D.: Wahre Arbeit an sich selbst und echte Meditation sind gerade das Gegenteil der verfemten „Nabelschau"; sie helfen dem Menschen, seine krankhafte Egozentrik zu überwinden und befreien das verborgene Licht. Streben die Menschen nicht alle, ob sie es wissen oder nicht, nach diesem Licht? „Mein Reich ist inwendig in euch", sagt Christus.

A. G.: Sie sind in der Welt, aber nicht von der Welt."

G. D.: Und Er hat uns Brüder genannt und uns gerufen, Ihm zu folgen. Aber derjenige, der die Erfahrung Seiner Gegenwart in seinem Innersten nicht gemacht hat, weiß noch nichts von dieser Brüderlichkeit und wagt noch nicht, an sie zu glauben. Sein Engagement beschränkt sich auf die Erfüllung der Forderungen der Welt, und seine Sorge gilt den äußeren, aber nicht den innersten Notwendigkeiten menschlichen Lebens. Er verwechselt das „Rote Kreuz" mit dem Kreuz Christi, und trotz der unendlichen Wohltaten, die vom Roten Kreuz in die Welt gegangen sind und immer weiter gehen – es ist doch nur ein Zweig am Baum des Herrn, nicht aber der Baum selbst.

Nur die Berührung mit unserer tiefsten Innerlichkeit und die

Geburt des neuen Menschen in uns verändert unsere Beziehung zur Welt und zu den anderen radikal und verleiht auch der Liebe einen anderen Sinn. Nur aus dem Innesein des Einsseins im Sein kann der andere als Weggefährte und Bruder auf dem Weg erfahren und angenommen werden. Das Leben ist nicht mehr das gleiche, die Welt und die Dinge haben ein neues Gesicht. Angesichts all dessen, was der Mensch, der auf den inneren Weg gelangt, beiseite läßt und alte Beziehungen, angebliche Freundschaften aufgibt, weil sie banal geworden sind, mag er in den Augen der anderen unverstanden bleiben und häufig genug der Untreue bezichtigt werden. Er kann nicht anders. Seine Treue gilt nur noch dem Einen.

A. G.: Der Erneuerer der westlichen Orthodoxie, Jean de Saint-Denys, hat zu diesem Thema etwas sehr Bedeutsames gesagt. Der Beginn jeder Entwicklung, sagte er, die wichtigste Bemühung ist es, eine Person zu werden (griechisch: sich hypostasieren), sich seines Platzes gegenüber Gott und dessen, was er von einem will, bewußt zu werden.

„Unsere Aufmerksamkeit muß wie ein Pfeil auf die Mitte zielen: auf Christus. Die wahre menschliche Gemeinschaft ist vergleichbar mit einem Kreis, aus Brüdern gebildet, die sich an der Hand halten und von denen der eine oder andere eine Bürde trägt, ihr Blick aber in diesem Kreis ist auf das Zentrum, auf Christus, gerichtet. Hingegen sehen sie ihre Brüder im Profil, erkennen sie kaum, sind vielmehr brüderlich im Handeln vereint; sie beobachten sich nicht, retten sich nicht gegenseitig, sondern schauen alle auf die Mitte: auf den Freund der Menschen. Mein Platz, mein Bemühen in der Kirche ist es, im Blick Christi zu erkennen, was ich zu tun habe. Im Bild der Dreieinigkeit ist die menschliche Gemeinschaft die Gesamtheit vereinigter und freier Personen und nicht eine anonyme Masse. Je mehr die Einzigartigkeit unseres eigenen Wesens verengt ist und je mehr die Gemeinschaft vereint ist, desto mehr Verwirrung gibt es zwischen den Funktionen unseres Gewissens und desto gestörter ist die Einzigartigkeit der Gemeinschaft. Das kann bis zur Zerstörung gehen ... unsere Größe kommt von unserer Antwort auf die Liebe Gottes zu uns."

G. D.: Gott ruft den Menschen von Beginn an: „Adam, wo bist du?" Nur jene, deren inneres Ohr offen ist, wissen, daß der Mensch nur dann wirklich Mensch und Nächster wird, wenn er diesem Ruf antwortet, der immerzu in unserer Tiefe erklingt. Die Beziehung zum anderen kann ihre Fülle nur dort erreichen, wo man ihren wahren Sinn entdeckt: Lieben, das heißt hier auf die überweltliche Dimension im anderen brüderlich antworten und so ihm helfen, in die große Freiheit seines Wesens zu gelangen; seinen Nächsten lieben, heißt ihm zu helfen, die drei Grundaspekte des im Überweltlichen verankerten Lebens für sich selbst zu entdecken: die schöpferische Fülle, die sinngebende Ordnung und die allverbindende Einheit.

Das ist es, was wir in einer guten Meditation im Angesicht Gottes anstreben. Ich sage oft: Eine gute, d. h. in die Tiefe gegangene Meditation bringt eine dreifache Wirkung hervor: Man fühlt sich stark, selbst wenn man schwach ist. Es ist eine Kraft, die sich von der natürlichen Kraft oder Schwäche unterscheidet. Man fühlt sich in Ordnung, selbst wenn alles um einen her in Unordnung ist. Und vor allem ist man aus der Erfahrung mit der Einheit mit allem verbunden. Man wird dann den Eindruck haben, als verneigten sich die Bäume, wenn man an ihnen vorübergeht, als lächelten einem die Steine zu, und die Menschen, denen man begegnet, sind einem näher als sonst. Die Freundlichkeit und Güte, die von einem ausgeht, hat anderen Charakter, als freundliche Gebärden sonst haben. Die Qualität der Liebe, die Ausdruck des Seins ist, zeugt nicht mehr nur von gewöhnlicher Mitmenschlichkeit ...

A. G.: Man dienst nicht der herrschenden Moral, sondern dem dreifachen Impuls der göttlichen Dreieinigkeit.

G. D.: Natürlich bedürfen wir auch einer lebendigen Ethik und einer ihr entsprechenden Disziplin unseres Verhaltens, das auch den liebevollen Umgang mit dem Mitmenschen betrifft. Dieser kann von übermenschlichen Kräften gespeist sein. Die Weise, in der eine Mutter sich für ihr Kind einsetzt, kann menschliches Maß zu übersteigen scheinen. So ist auch der Tod, den der Soldat für sein Vaterland stirbt, Ausdruck einer überpersönlichen Bindung und Kraft. Für denjenigen, dessen todesbereiter Einsatz jedoch aus einer Verbundenheit im Wesen kommt, ist Sterben keine heldische Leistung. Nur dort, wo es gewagt wurde, obwohl der Mensch noch mit allen Fasern am Leben hängt, ist das Opfer des Lebens Ausdruck einer heldischen Gesinnung. Die Apostel, die als Märtyrer starben, waren keine Helden, ebensowenig wie die Kamikatse-Flieger Japans. Diese waren schon gestorben, bevor sie in ihr Flugzeug stiegen, denn sie waren eins mit ihrer Gottheit, dem Land Japan. Bevor sie ihren Flug antraten, hatten sie ihr Leben schon hingegeben. Sie trugen das weiße Hemd, Zeichen des Todes, und tranken ein Glas heiligen Sake. Hier sind wir in einem Bereich jenseits aller Dualität.

Ebenso ist es mit der Ästhetik: Die strahlende Schönheit auf manchen Gesichtern ist nicht mit ästhetischen Gesetzen zu erklären. Das macht ihre Besonderheit aus! Betrachten Sie ein Gemälde: Es ist kein Vergleich zwischen der Schönheit, die der bewußten Formkraft eines Künstlers entspringt, und jener Schönheit, die Ausdruck einer Seinserfahrung ist: Die eine entsteht aus dem bemühten Fleiß, die andere leuchtet wie ein Blitz aus einer immanenten Transzendenz auf.

A. G.: Hier berühren Sie den Sinn der Ikonen, dieser Fenster auf das Unsichtbare, wo sich Gott in einem Menschengesicht manifestiert... Der Künstler hat sein Ich so sehr losgelassen, daß der wahre Ikonograph, der Heilige Geist, durch ihn hindurchwirken kann; so entsteht eine Kommunion zwischen den beiden, eine „Synergie“, wie man sagen könnte, im schöpferischen Akt. Eine Ikone ist deshalb fast ausnahmslos unsigniert; im Grunde ist sie mein wahres Menschengesicht, und wenn ich bereit bin, meine Masken und meine Arroganz mit diesem Feuer zu verbrennen, malt Es in mir, wie Es atmet.

G. D.: In diesem Bereich haben Güte und Schönheit nichts mehr mit Ethik oder Ästhetik zu tun, sondern sind Ausdruck für die formkräftige Präsenz aus dem überweltlichen Wesen. Immer wieder gilt es zu unterscheiden zwischen Ausdrucksformen einer Präsenz aus dem Sein und dem Ausdruck eines Gehorsams gegen das ethische oder ästhetische Gewissen. Was unmittelbar aus dem Herzen fließt, bedarf keiner Mühe. Was Mühe kostet, ist keine Äußerung aus dem Sein. Die Blume bedarf keiner Mühe, um schön zu sein oder zu duften. Sie ist eine unmittelbare Manifestation des größeren Lebens.

A. G.: „Dein Wille geschehe ...“ Man tritt in den Bereich des absoluten Gewissens ein, das für jede Institution untragbar ist, die sich auf Ethik und Moral gründet.

G. D.: Was aus dem absoluten Gewissen fließt, hat immer einen revolutionären Charakter, denn es durchbricht die Grenzen herkömmlicher Ordnungen. Aber auch, wer das absolute Gewissen kennt, ist nicht frei, zu tun und zu lassen, was er will. Zunächst gilt auch für ihn das Gesetz der Gemeinschaft, der er angehört. Auch ein wunderkräftiger Meister wird seine Fähigkeit zum Ungewöhnlichen immer wieder verbergen.

A. G.: Das bedeutet, sein Ich ganz in die Hände Gottes zu geben, selbst wenn man Gefahr läuft, von seiner Umgebung ausgelacht oder verurteilt zu werden: „Er hat anderen geholfen und kann sich selbst nicht helfen!“ So verhöhnte man Christus am Kreuz ... Aber das ist der Preis der Liebe; sie sucht weder sich selbst zu loben, noch den anderen zu gefallen!

G. D.: Hier stellt sich auch das Problem der Demut: Es gibt zwei Arten von Demut. Auf der ethischen Ebene heißt es: „Tu nicht so, als seist du mehr, als du bist. Sei nicht überheblich.“ Auf der Ebene des absoluten Gewissens ist die Demut viel schwerer. Hier ist sie Ausdruck der Unterwerfung unter ein höheres Gesetz, unter ein Verhalten, das einen innerhalb der eigenen Gemeinschaft fragwürdig macht. Das kann bedeuten, eine öffentliche Schande auf sich zu nehmen, als treulos zu gelten oder als verrückt ... Aber schon der, der sich um den initiatischen Weg bemüht, muß den Verdacht auf sich nehmen, etwas Besonderes sein zu wollen, und in der Tat: Er ist es und muß es ertragen, Diener eines anderen Herrn zu sein und nicht verstanden zu werden.

A. G.: Die „Erwählten“ haben den Ruf gehört und bemühen sich, ihm zu folgen, sie bilden die „kleine Schar“, von der die Bibel spricht. Ein Erwählter ist den anderen nicht überlegen, sondern muß die Hefe im Teig sein, das Licht auf dem Weg, damit alle vorwärts und aufwärts kommen. Liegt darin das wahre Engagement gegenüber den Armen und Entrechteten?

G. D.: Es ist nicht leicht, das zu beantworten. Sind es Arme oder Reiche im materiellen, kulturellen oder spirituellen Sinn? Es gibt Reiche mit ganz armseligen intellektuellen Gaben oder solche, die der Botschaft gegenüber taub sind. Es gibt gebildete Leute, die oft meine Vorträge verlassen, weil sie keinen Zugang haben zu dem, wovon ich spreche. Aber es kommt vor, daß an der Tür ein schlichter Arbeiter wartet, dem alle intellektuellen Voraussetzungen fehlen, und mir sagt: „Ich habe wenig verstanden von dem, was Sie sagten, aber ich glaube, ich habe alles gespürt, was Sie meinen." Die Antennen für die spirituelle Wahrheit sind andere als die für rationale Erkenntnisse. Die Teilnahme an geistlichen Übungen vermehrt nicht die Kenntnis für die in der Welt erforderlichen Leistungen. Und doch kann geistliche Disziplin auch die Leistungskraft in der Welt erhöhen, weil das kleine Ich, das auf die Dauer jede Leistung verdirbt, abgenommen hat.

Kein Fortschritt auf dem inneren Weg entbindet den Menschen der Verantwortung gegenüber den Leidenden dort, wo sie seinen Weg kreuzen. Der böse Satz: „Religion ist Opium fürs Volk" war die Folge einer mißverständlichen Weise, das Ertragen des Leides als gottwohlgefällig zu preisen, so als brauche man nicht mehr bemüht zu sein, es zu beheben. Wahr ist, daß der Mensch, der auf dem initiatischen Weg voranschreitet, wo er leidet, nicht nur heil werden will in einem pragmatischen Sinn, sondern das Leiden als eine Chance auf dem opfervollen Weg zum Heil wahrzunehmen lernt.

A. G.: Die Armen müssen ihre Menschenwürde wiederbekommen und nicht den Wohlhabenden zur Erleichterung ihres Gewissens dienen! „Der Mensch lebt nicht vom Brot allein ..." Und wenn man ihm nur das eine oder nur das andere gibt, das Materielle oder das Spirituelle, wird er nie ein wirklicher Mensch sein können.

G. D.: Es heißt, daß sich in Frankreich die Geistlichkeit immer mehr für den Marxismus interessiert. Weil Jesus sozusagen die Welt verändern wollte, wird Marx zu einem christlichen Weltverbesserer. „Er hat die Armen verstanden!" Welches Mißverständnis! Jesus ging es nicht um das „Wohlhaben", sondern um das „Wohl-Sein". Einen ganz anderen Rang gewinnen mehr und mehr die Arbeiterpriester, die, weil sie das Los derer tragen, mit denen sie leben, einen anderen Zugang zum Herzen der Ungläubigen haben.

Vor einiger Zeit besuchte mich ein Missionar aus Südwestafrika. Nach zwanzig Jahren Missionsarbeit fragt er sich, was er eigentlich ausgerichtet hat, und ob er seine Zeit nicht allzusehr damit verbracht hat, seiner Institution zu dienen und die Schwarzen ideologisch zu formen, statt mit ihnen zu leben und ganz konkret ihre Not zu teilen und den echten Glauben aus der Quelle der gemeinsamen Erfahrung und des gemeinsamen Ertragens existentieller Not wachsen zu lassen. Er beschloß nun, wieder in Afrika, sein Amt als Missionar in ganz neuer Weise wahrzunehmen.

A. G.: Warum hat sich Jesus Christus Ihrer Meinung nach nicht politisch engagiert? Das jüdische Volk war schließlich unter römischer Herrschaft.

G. D.: Weil das politische Unheil u. a. eine Möglichkeit war, von dem zu zeugen, was jenseits jeder Politik liegt. Wenn er versucht hätte, selbst mit großer Klugheit, die Idee einer Reform des Staates Israel zu entwickeln, hätte das vielleicht dreißig Jahre seine Wirkung getan. Und danach? Die Botschaft Christi gilt für jede Situation und für alle Zeiten; sie heilt jedes Unheil des Lebens. Auch das idealste von Menschen erdachte System überdauert nur eine gewisse Zeit. Religiöse Botschaft, die aus den Wurzeln des Seins kommt, bewahrt zeitlose Geltung. So die Botschaft Christi, so die Lehre Buddhas, so das Tao-Te-King. Immer ist echte Religiosität Ausdruck einer Botschaft, die einer innersten Erfahrung von zeitloser Gültigkeit entspringt.

Der Kampf geht nicht nur um die materielle Existenz, der wahre Kampf um ein menschliches Leben spielt sich auf einer personalen Ebene ab. Es geht letztlich um die Verwirklichung des Menschen aus seiner göttlichen Wurzel heraus, also kraft seines doppelten Ursprungs um eine Vergöttlichung des Menschen, um das Werden eines Menschen, der Zeuge wird seiner göttlichen Wurzel. Eben das auch meint die Botschaft Christi, insbesondere wenn er sagt: Ihr müßt Mich in euch selbst finden, dann werdet ihr euch als Söhne Gottes erfahren. Die wahrhaft religiöse Wahrheit ist immer universell, weil in ihr das überweltliche Sein selbst zum Ausdruck kommt.

A. G.: Die großen Beobachter des geistigen Lebens scheinen heute das Geheimnis der Weisheit zu ahnen, sogar die Atheisten unter ihnen. Die Unterentwicklung des Menschen, das tiefe Versagen in seinem Dasein, sein inneres Elend sind der gemeinsame Nenner aller verschiedenen Unterentwickeltheiten: das psychologische, physiologische und materielle Elend im Osten wie im Westen. Das Leiden ist ontologisch. Was der Mensch heute am meisten nötig hat, ist, zu verehren, anzubeten.

Unter diesem Aspekt verliert das Engagement seine geschlossene Autonomie und hört auf, nur eine oberflächliche Bewegung zu sein. Wenn das Handeln und das Engagement aus inneren Quellen des Seins schöpfen, haben sie eine dauerhafte Wirksamkeit. Mounier würde von „kontemplativer Induktion" sprechen. Und das heißt, sich auf die einzige Ebene zu begeben, auf der überhaupt je die großen Veränderungen in der Geschichte geschehen. Man bedürfte heute einer Art aktiver Weisheit, die Inneres mit Äußerem verbindet und die sieht, daß Inneres und Äußeres die beiden Pole eines untrennbaren Ganzen sind, eine Weisheit, die zugleich Befreiung des außerordentlichen Potentials an spirituellen Kräften des Menschen und ein Instrument zum Kampf für die Gerechtigkeit wäre. Für den, der meditiert, wird eine andere Welt möglich, weil in der Struktur seines Wesens ein anderer Mensch möglich wird, und daß das so ist, kann er jeden Tag in der konkretesten Erfahrung nachprüfen. Das ist die subversive Rolle, die die Meditation bei allen Großen des Geistes in der Geschichte gespielt hat. Sie haben recht zu glauben, daß von der spirituellen Erfahrung die Umwandlung des Menschen von Grund auf und die Zukunft der Welt abhängt.

X.

„Meister, wo bist Du zur Herberge? …“

Johannes 1, 38

GRAF DÜRCKHEIM: Jahrhundertelang gab es eine ununterbrochene Verbindungslinie zwischen Jesus Christus und den großen Heiligen, von denen Sie sprechen. Sie waren die Leuchtfeuer auf dem Pfad der inneren Weisheit. Heute verliert sich diese Tradition in der Dunkelheit des Vergessens, und eine geistliche Führung außerhalb der Kirche gab es nicht, oder doch nur in geheimen Bünden wie der Alchimisten, Rosenkreuzer, Templer u. a. Die große Tradition der Meister, wie sie seit Jahrtausenden im Fernen Osten besteht, die den Menschen über die Religiosität der Erfahrung des göttlichen Seins zur Freiheit von sich selbst und von aller Abhängigkeit von der Welt führten, hat es im Abendland nicht gegeben. Die Not unserer Zeit, in der Zwangsjacke der Leistungsgesellschaft nicht man selbst sein zu können, läßt den Ruf nach dem Meister, der den Weg in die innere Freiheit und über sie zur wahren Selbstverwirklichung führt, immer lauter werden. Und es ist unrecht, wenn man glaubt, daß die Tausende junger Menschen, die heute gen Fernen Osten pilgern, etwas anderes suchen als Hilfe auf dem inneren Weg. Der Ferne Osten verfügt tatsächlich in einer breiten Tradition verschiedener Meisterschulen über das Wissen um den initiatischen Weg, das bei uns den großen Mystikern, wie Meister Eckehart, Johannes vom Kreuz, Hildegard von Bingen und anderen zu eigen war.

Die Gesellschaftsordnung der westlichen Zivilisation, die wesentlich auf dem Leistungsprinzip beruht, hat den Menschen in eine Sackgasse geführt, weil er als Funktionär an seinem „Arbeitsplatz“ keinen Freiraum zur Entfaltung seiner Individualität hat. Da es bei dieser Bedrängnis im Grunde genommen um die Blockade seines inneren Wesens geht, kann nur die Begleitung durch einen spirituellen Meister die wahre Hilfe sein.

Das Leben des westlichen Menschen ruht im allgemeinen auf zwei Säulen: Die eine ist das Beherrschen des Lebens in dieser Welt, die andere ein mehr oder weniger tiefer Glaube an eine jenseitige Welt. Dabei fehlt das Wissen um die Möglichkeit eines spirituellen Reifens, nicht aufgrund einer wissenschaftlichen Erkenntnis oder eines theologisch gegründeten Glaubens, sondern auf der Basis von Erfahrungen, die, im eigenen Wesen angelegt, das überweltliche Leben ins Innesein bringen und zur Grundlage echten Reifens werden können. So kommt es, daß viele, die in der Welt oder in der Kirche eine führende Rolle spielen, selbst der menschlichen Reife entbehren, geschweige, daß sie um die spirituelle Reife derer bemüht sind, die ihnen anvertraut sind.

Alphonse Goettmann: Und wie soll man sie erkennen? Denn die falschen Propheten sind schon da, die Händler im Tempel und andere Scharlatane. Viele maßen sich an, „Meister" zu sein, und schlagen Kapital daraus. Sie verkaufen magische Kräfte, Horoskope, künstliche Paradiese und mancherlei Rezepte für „das innere Glück" ... Nie zuvor bin ich so vielen Menschen begegnet, die von der „Gruppenkrankheit" befallen sind, die alles ausprobieren müssen und sich schließlich ihre Verdauungsstörungen von einem Psychotherapeuten behandeln lassen.

G. D.: Wenn der Schüler bereit ist, kommt der Meister", sagt man oft. Die, von denen Sie sprechen, haben mit dem wirklichen menschlichen Leiden keine Berührung gehabt. Sie sind nicht auf dem Weg; vielleicht befinden sie sich auf einer Vorstufe dazu, aber solange sie sich noch nicht der wahren Grundwirklichkeit gegenüber verantwortlich fühlen, laufen sie Gefahr, sich immer wieder in den Netzen Satans zu verfangen. Die falschen Meister entbehren der initiatischen Erfahrung, d. h. eines Durchbruchs zu ihrem überweltlichen Wesen, vor allem aber der nur in jahrzehntelanger Disziplin erreichbaren Verwandlung, die ihnen das Recht gibt und die Fähigkeit, andere zu führen.

Wenn ich im folgenden den Sinn des Meisters zu erläutern versuche, so beschreibe ich nicht eine Person, die es wirklich gibt, sondern einen Archetypus, dessen reale Verwirklichung nur wenigen Sterblichen gegeben war. Selbst ein Land wie Indien, dessen geistliche Entwicklung von seinen Meistern lebte, erkennt heute nur wenigen Lebenden den Meistertitel im höchsten Sinn des Wortes zu, dort, wo er in den Raum des Heiligen reicht.

Doch was verstehen wir überhaupt unter dem „Meister“? Es ist der Meister, dem wir in der Welt begegnen können, der Meister in uns selbst und der, der beide beseelt, der ewige Meister. Und diese Drei sind die Manifestierung des Göttlichen im Menschen in der dreifachen Weise, wie es als innerlich führende Kraft erlebt werden kann. Dabei sind untrennbar Meister – Schüler und der Weg, zu dem der Schüler sich verpflichtet und den der Meister führt. Unter „Ewiger Meister“ verstehe ich das Prinzip, das Urbild. Er ist das menschgewordene LEBEN, das überweltliche Leben als Quelle, Auftrag und Führungskraft. In einer ihn verkörpernden Gestalt finden wir das große LEBEN in seiner Dreieinheit: Fülle, Gesetz und Einheit am Werk. Der ewige Meister kann vor allem in Grenzsituationen des menschlichen Lebens überraschend ins Innesein treten. So z. B., wenn der Mensch durch Krankheiten, Phasen der Depression, unerwartete Schicksalsschläge oder Todesnähe schließlich die Stimme des in ihm erstickten Seins zu hören beginnt. Aber auch in überraschenden, beglückenden Augenblicken oder durch bestimmte Begegnungen, oder in seiner Sehnsucht nach Befreiung kann ihm der innere Meister ins Gespür kommen, und dann sprechen wir von Seinsfühlungen oder Seinserfahrungen. Dann kann nach und nach oder auch mit einem Mal die alte Welt zusammenbrechen, ein neues Bewußtsein geboren werden, und mit ihm nimmt der ewige Meister die Gestalt des eigenen inneren Meisters an. Nur die Vorahnung des inneren Meisters macht den Menschen reif, einem Menschen als seinem äußeren Meister zu begegnen und ihn zu erkennen, denn den, den er sucht, hat sein Unbewußtes schon gefunden. Er wird auch zugleich der innere Schüler, der sich dem inneren Weg öffnet, und dann erst sind die Bedingungen zu einer echten und fruchtbaren Bindung an einen äußeren Meister gegeben. Der Mensch, dem wir draußen als Meister begegnen, ist eine Spiegelung dessen, der wir selbst, aber noch im Verborgenen, sind. In ihm erscheint das als Wirklichkeit, was in uns als Sehnsucht lebt, aber doch auch schon „im Grunde“ da ist.

Dieser vom Suchenden in der äußeren Welt als Meister gefundene Mensch muß gewiß in irgendeiner Weise Zeugnis dafür sein, daß das große LEBEN in ihm maßgebende Gestalt zu gewinnen begonnen hat. Er braucht aber keineswegs selbst schon wahrhaftig ein Meister im Sinne einer vollen Auszeugung seines Wesens zu sein.

Aber wo sind denn diese Meister? Hier gilt es zu verstehen, daß es die Begegnung mit einem Meister nicht nur mit einem besonderen Menschen gibt. Ist der Suchende auf einer bestimmten Höhe seiner Not, seines Reifungsprozesses angelangt, dann kann die Begegnung mit irgendeinem Menschen – irgendeine Antwort, die er gibt oder eine Bewegung, die er ausführt – wie ein Meisterschlag wirken.

Der wahrhaft meisterliche Mensch hat die zahlreichen Stufen, die in uns noch verborgen sind, schon überschritten. Er ist die Fülle des Lebens, zu der wir gerade erst erwacht sind, die Möglichkeit wahren Menschseins in einer vollkommenen Freiheit. Nichts bindet ihn mehr, seine Gedanken und sein Handeln sind nicht mehr von sozialen, moralischen oder theologischen Gesetzen beherrscht. Wenn er die Ordnung dieser Welt respektiert, so ist er ihr doch nicht unterworfen. Im Gegenteil, wenn irgendeine „Ordnung" das Leben darin hindert, sich in ihm oder um ihn zu verwirklichen, stürzt er um, was auf dem Weg hinderlich sein könnte, zerstört es, löst es auf, zerbricht es. Der Meister ist also gefährlich und hart für jene, die nichts als einen billigen Frieden suchen, Sicherheit oder ungestörte Harmonie. Er kann ein Schrecken sein für den braven Bürger und ein Ärgernis für die wohlanständigen Leute. Sein Leben ist nie festgelegt, sondern immer neu, schöpferische Verwandlung. Für den Schüler bedeutet das oft ein Leben voll harter Überraschungen, unerwarteter Forderungen, voll Prüfungen, deren Bestehen immer ein oft schmerzliches Überschreiten einer bisher anerkannten Grenze meint.

Nie aber handelt ein wirklich meisterlicher Mensch aus sich selbst heraus, seine Quelle ist eine höhere Instanz, der er demütig folgt. Sein Lebensnerv ist die nie abbrechende Verbindung mit dem ihn verpflichtenden Urewigen, mit Gott, d.h. der Weise, wie er Gott als den immer Gegenwärtigen erfährt. Das große Vorbild der Verkörperung des ewigen Meisters auf Erden ist und bleibt für den christlichen Menschen Jesus Christus.

A. G.: Die göttliche Pädagogik ist immer die gleiche. Als der Prophet Jeremias im Alten Testament beauftragt wurde, sprach Gott zu ihm: „Siehe, ich setze dich heute dieses Tages über Völker und Königreiche, daß du aufreißen, zerbrechen, verstören und verderben sollst und bauen und pflanzen." (Jeremia 1,10)

Und sagte nicht Jesus, der große Meister: „Ich bin nicht gekommen, den Frieden zu bringen, sondern das Schwert." Das ist nun ein Ton, den man für gewöhnlich bei den sogenannten „spirituellen Meistern" nicht hört ... Aber die Freude des Schülers steht auch im Verhältnis zu dem Preis, den er zu zahlen bereit ist ..." „Selig sind die, die verfolgt werden um meinetwillen ... denn das Himmelreich ist ihr." Jedenfalls sind das Bedingungen, die weit entfernt sind von jedem Dilettantismus des Glaubens.

G. D.: Niemand kann wirklich Schüler sein, ohne daß er das Siegel des „Alles oder Nichts" aufgedrückt bekommen hat. Es ist zweierlei: ob man in einer Seinserfahrung lediglich zum Innesein des eigenen Wesens erwacht oder sich, der Stimme des inneren Meisters gehorchend, auf den Weg der inneren Verwandlung begibt. Ist man erwacht, hat man die Möglichkeit, Schüler zu werden; aber erst, wenn man dem Ruf des inneren Meisters folgt, wird man zum Schüler auf dem Weg. Fragt man, was den Schüler von seinem Meister in der Welt unterscheidet, so lautet die Antwort: Wenn einer schon die Berechtigung hat, sich Schüler zu nennen, so ist er schon dort, wo der Meister ist: auf dem WEG. Der Unterschied: Der Meister ist ihm auf dem WEG voraus. Etwas anderes als den WEG gibt es nicht, der WEG selbst, der nicht mehr verlassen wird, ist das Ziel. Der Schüler hat die harte Disziplin dieses Weges angenommen und ist seiner Entscheidung unverbrüchlich treu. Der WEG ist dem Menschen mit seinem Wesen eingeboren, so daß, wenn ihm der Weg ins Bewußtsein kommt, nicht der Mensch den Weg gewählt hat, sondern der Weg ihn. Also hat nicht er den Weg gewählt, sondern der WEG hat ihn gewählt. „Nicht ihr habt mich erwählt, sondern ich habe euch erwählt", sagt Christus. Hat man das wirklich erfahren, bleibt man im Fortschreiten, ob man auch in Versuchung gerät oder zaudert. Die Gefahren und Rückfälle werden immer seltener, während der Prozeß der Verwandlung zur Transparenz sich immer weiter vertieft.

A. G.: Über welche Mittel verfügt der Meister, um den „inneren Menschen" des Schülers zu bilden?

G. D.: Die Aufgaben, vor denen der Meister steht, sind: 1. daß der Schüler seines Wesens inne werde, 2. daß er das, was diesem Innewerden im Wege steht, beiseite räumt, 3. daß er dem Schüler eine bestimmte Übungspraxis auferlegt, 4. daß er in einer solchen Disziplin jenen Durchbruch vorbereitet, der als das „Stirb zum Werde" erst die eigentliche Verwandlung zur Transparenz für die immanente Transzendenz ermöglicht. Doch sind die Wege meisterlicher Praxis vielfältig und in den verschiedenen Traditionen unterschiedlich. Der Meister im Zen-Budhismus beispielsweise wendet in der Regel fünf Mittel an, um den Schüler zu fördern: die Übermittlung der Lehre von Buddha, Weisungen zu einer Übungspraxis (z. B. Meditation, Za-Zen oder Schwertfechten, Bogenschießen, Blumenstecken, Teezeremonie oder was die besondere Übung sein mag); die unmittelbare Übertragung von Herz zu Herz; das persönliche Beispiel und endlich den Schock.

Der Kern der Weisheit des Meisters kann jedoch nicht auf eine Formel gebracht oder erklärt werden. Seine Übermittlung ist Sache des Herzens und nicht eines rationalen Verstehens. Die auf diesem Wege erfolgenden Erfahrungen der Transzendenz bleiben immer begrifflich unfaßbar. Der Meister hat nur eines mitzuteilen, immer das gleiche, und er tut es auf tausenderlei Weise, er läßt immer das gleiche Licht aufleuchten, schon allein in der Weise, in der er da ist. Wie alt auch die Tradition sein mag, er erneuert sie immer auf seine Weise, so, wie sie in ihm Gestalt geworden ist. Das Wesentliche ist nie das, was der Meister sagt, sondern wie er es sagt. Der Funke springt nicht über durch Argumente, sondern durch das Sein dessen, der argumentiert, und weil er das verwirklicht hat, wovon er spricht. Deshalb verhält sich der Meister nicht pädagogisch. Er versucht nicht zu analysieren, zu belehren oder Ratschläge zu geben. Ihm geht es einzig darum, aus der Kraft seiner Liebe zu seinem Schüler, ihn immer wieder den gleichen Ton des Seins hören zu lassen.

Das Ziel jeder Übungspraxis ist es, die Herrschaft des kleinen Ichs zu brechen und das Wesen von seinen Fesseln zu befreien. Der Meister stellt das Vertrauen des Schülers manchmal auf eine harte Probe, indem er von ihm etwas fordert, was der Schüler absolut nicht versteht. Der Gehorsam muß unbedingt sein, nicht als Unterwerfung unter eine äußere Autorität, sondern weil für den Schüler kein Zweifel daran besteht, daß der Meister mit seinen Forderungen nichts als die nächste Phase des Weges einleitet. Eine Anweisung des Meisters, so überraschend unerbittlich und streng sie auch sein mag, ist immer getragen von der Fülle des Seins und Ausdruck der ihn mit seinem Schüler verbindenden schöpferischen Liebe. So begleitet er ihn Schritt für Schritt in der Übung und in seiner Verwandlung, korrigiert seine Haltung, spürt das kleinste Versagen und kann sehr rücksichtslos eingreifen. Die geforderten Übungen gehen manchmal bis an die Grenze des Erträglichen. Immer ist dabei der Sinn, das Welt-Ich zur Kapitulation zu zwingen und damit das Tor zum Wesen aufzustoßen. Erst dann sind die Voraussetzungen dafür geschaffen, daß die immanente Transzendenz aufleuchten kann.

Die Ausstrahlung des Meisters hat aus sich selbst heraus eine den Schüler immer weiter verwandelnde und in der Treue zum Weg haltende Kraft, eine Kraft, die den Schüler nicht anmaßend macht, sondern im Gegenteil einen innerlich verpflichtenden Charakter hat, der bescheiden macht und die noch engen Grenzen des Erreichten spüren läßt. Die Ausstrahlung des Meisters löst nie auf, sondern ist streng, schafft Konturen, leuchtet ins Gewissen, zwingt zur Haltung, ruft zur Ordnung, verbietet ohne Worte jedes Nachlassen und jede Weichheit, erfüllt aber zugleich den anderen immer wieder mit einem geheimen Glücksgefühl, in Gegenwart des Meisters Anteil zu haben an dem, was sie verbindet: der ihnen beiden immanenten Präsenz des überweltlichen Seins.

Das Beispiel, das der Meister ist, darf den Schüler nicht zur Nachahmung verleiten. Seine Gestalt ist einzigartig und unnachahmbar wie das Leben selbst, das sie verkörpert. Das unterscheidet den echten Meister vom falschen. Die Einzigartigkeit des meisterlichen Vorbildes wird, wenn er ein wirklicher Meister ist, den Schüler vor jedem Versuch der Nachahmung bewahren und ihn zur Verwirklichung der eigenen Einzigartigkeit verpflichten.

Schließlich ist der Schock oft eines der wichtigsten Mittel des Meisters. Er kann in vielerlei bestehen: in einer scheinbar sinnlosen Antwort auf eine Frage, wie z. B. der Antwort des Meisters auf die Bitte des Schülers, ihm zu sagen, was das Wort Buddha eigentlich bedeutet: „Dieses Wort habe ich nie gehört!“ Diese

Antwort schafft eine Ratlosigkeit, und eben um diese geht es. Es ist, als sei einem der Boden jeder Verständigung entzogen. Da die Wahrheit des Seins jenseits aller gegenständlichen Ordnung liegt, läßt dort, wo der Schüler ein weises Wort erwartet, ein völlig widersinniger Satz aus dem Munde des Meisters die rationale Ordnung der Welt, in der der Schüler lebt, zusammenbrechen. Und genau darauf kommt es an. Solange diese vorherrscht, kann das jenseits alles Rationalen wesende Sein nicht durchbrechen. Der Schock kann auch eine unerwartete scheinbare Demütigung des Schülers sein, ein durchdringender Schrei, ein harter Stockhieb u. a. Alles dient dazu, die natürliche Erwartung des Schülers und seine gewohnte Ordnung urplötzlich zu enttäuschen und das innere Lebensgebäude zum Einsturz zu bringen. Denn solange das gewohnte Weltgehäuse des Menschen unerschüttert feststeht, kann er nicht in die Freiheit des Überweltlichen treten. „Eng ist die Pforte, die zum Leben führt!" Vor der Einweihung, die den Menschen berechtigt, in den heiligen Raum des göttlichen Seins einzutreten, oder anders gesagt, bevor er bereit ist, das göttliche Sein in sich einströmen zu lassen, muß das alte Lebensgehäuse zusammenbrechen, d. h. das Ich sterben. Das Eingehen des Ichs kann ein langsamer Prozeß sein oder mit einem plötzlichen Schock erfolgen, aber ohne Tod des Alten gibt es keinen Durchbruch des Neuen. Ohne Preisgabe von allem, was man hat, kann man nicht zu dem werden, der man im Grunde ist. „Gehe hin und verkaufe alles, was du hast." „Wenn einer mein Jünger sein will, muß er auf sich selbst verzichten und sein Kreuz auf sich nehmen, um mir nachzufolgen ..."

A. G.: Leben kann nur durch einen Lebenden weitergegeben werden, und der entzündet das Feuer im Herzen eines anderen nur durch die Intensität einer persönlichen Beziehung. Das ist eine Geburt! Die Worte Christi, die Sie zitieren, drücken diese Forderung aus und zeigen, wie auch das ganze Evangelium, daß die Tradition des Meisters nicht nur eine östliche ist. Sie wurde in den ersten nachchristlichen Jahrhunderten in den Katechesen fortgesetzt, die nach der „Erweckung" eine Zeit der „Initiation" zu den Mysterien waren und in der „Illumination" der Taufe mündeten. Die Kirchen bildeten kleine, von einem „Hirten" ins Leben gerufene und begleitete Gemeinden. Dieser Hirte war im

Grunde ein spiritueller Meister, dessen einziges Ziel die „Bildung des inneren Christus“ war, wie Paulus sagt; die gleiche Idee herrschte im ursprünglichen Mönchtum vor, indem sich einige Mönche um einen Alten oder „Vater“ versammelten, also um jemanden, der Leben erzeugt ...

All dies verkümmerte in der Zeit danach in dem Maße, wie man sich von der Quelle entfernte: Die Taufe wurde immer mehr zu einem soziologischen Ritus, der Katechet wurde zum Religionslehrer, der Hirte ein notabler Verwalter einer Gemeinde oder Herr einer Diözese, der väterliche Abt eines Klosters wurde „Ordensgeneral“ oder „Superior“ und die Kirche eine „Maschine“, wie sich der Patriarch Athenagoras ausdrückte. Im östlichen Christentum ist die Tradition des Meisters jedoch nicht unterbrochen worden; vor allem in der Nachfolge des heiligen Johannes, des Mystikers, kannte sie immer den „Staretz“; man muß ihn jedoch oft in den Klöstern oder anderen abgeschiedenen Gemeinschaften suchen ...

In allen Kirchen findet aber heute eine Reaktion gegen die historischen Verhärtungen und die Vorherrschaft des Institutionellen statt. Fast überall beginnt eine Art Renaissance, und es sind viele Menschen, die fünfzehn Jahrhunderte der Geschichte überspringen wollen, um schließlich wieder zur Wahrheit der Ursprünge zu gelangen!

G. D.: Jesus Christus ist die Inkarnation des ewigen Meisters. In ihm sind die Züge vereint, die den wahren Meister über alle Zeiten und Völker hinweg charakterisieren. Der Augenblick ist gekommen, wieder an die große Tradition des Urchristentums anzuknüpfen und den Schatz wiederzuentdecken, der im initatischen Wissen und der Weisheit der Erfahrung von Einsiedlern und Mönchen liegt, auf die sich auch die großen Mystiker immer wieder berufen. In Jesus Christus sucht Gott den Menschen, aber der Mensch hat es nicht immer so verstanden.

A. G.: So beginnt ja auch das Evangelium: „Er kam in sein Eigentum, und die Seinen nahmen ihn nicht auf“ (Joh 1,11).

G. D.: Der Mensch erkennt ihn nicht und erhebt sich selbst zum Gott. Mit der Freiheit seines Willens und seiner Vernunft stellt er sich auf seine eigenen Füße und verliert das Bewußtsein seiner

Wurzeln im göttlichen Sein. Das ist die ewige Sünde des Menschen; er kann mehr oder weniger ihr Opfer werden, selbst wenn er „an“ Gott glaubt. Und es gibt wenige Menschen, die nicht an ihn glauben, oder die nicht wenigstens akzeptieren, daß es etwas gibt, das über ihren natürlichen Horizont hinausgeht.

Aber wer ist er, dieser Gott? So sehr oft eine äußere, vom Menschen unabhängige Allmacht, zu der er eine ihn oft fortschreitend entfremdende Beziehung der Unterwerfung und des Gehorsams hat. Er nimmt im Unglück Zuflucht zu ihm, fürchtet ihn, wenn er seine Gebote mißachtet, ruft nach ihm nur, wenn er in Not ist und Hilfe braucht ... ein nützlicher Gott, zu dem aber ein unüberbrückbarer Abstand bleibt.

Aber die Entfremdung vom göttlichen Sein betrifft trotz alledem nicht die Wurzel unseres Menschseins. In der von ihm selbst geschaffenen Welt lebt der Mensch im Exil. Aber seine Urheimat lebt noch in ihm, und wo der Mensch durch die Entfremdung von seinem Urgrund schließlich in Atemnot kommt, kann er den lebenspendenden Hauch aus seinem eigenen Urgrund neu erfahren. Nur wenn der Mensch diesen ihn in einer Seinsfühlung berührenden Hauch, den Odem des wahren Lebens, verspürt und ernst nimmt, kann sein Neues Leben beginnen. Dann wird das schöne Bild, das er bisher von sich hatte, aufgehoben, aber auch das allzumenschliche Bild, das er sich von Gott machte. Der Strom des LEBENS dringt in sein Welt-Ich ein, und dieses wird im Wesen neu geboren.

Im Leben eines Menschen ist es ein erschütterndes Ereignis, wenn er gewahr wird, daß Gott außerhalb ist, weil er ihn nach außen verlegt hat und das Göttliche in sich nicht zur Wirkung kommen läßt. Der Wendepunkt kommt, wenn er der Tür, die ihn vom Wesen trennt, erlaubt, sich zu öffnen und nicht mehr dem, was in seinem Innersten ist, widersteht, dem, was er werden kann aus seinem geheimsten Kern. Dann hat er die Stimme des inneren Christus gehört; um ihm aber auf dem Weg folgen zu können, bedarf er der Hilfe eines Wegbegleiters, des Meisters, der ihm zur Seite steht.

In diesem Christus in jedem von uns sucht Gott den von ihm gemeinten Menschen. Der Mensch sagt: „Ich suche Gott.“ Er täte besser daran zu sagen: „Ich will mich von Gott finden lassen.“ Die große Seinserfahrung ist ein Augenblick, in dem der bislang in seinem auch wohlmeinenden Welt-Ich gefangene

Mensch vom überweltlichen Sein in ihm selbst entdeckt und befreit wird. Dazu sich vorzubereiten, meint die den initiatischen Weg begleitende Weisung zur Suche nach der Transparenz für die immanente Transzendenz.

A. G.: Im Absoluten hat der Christ keinen anderen Meister als Christus: „Nennt niemanden Meister und Herr!" Was Jesus von seinen Jüngern fordert, ist einzigartig. Ihm zu folgen bedeutet einen völligen Bruch mit der Vergangenheit und ein ausschließliches Gebundensein an seine Person: sein Schicksal zu teilen, mit ihm „sein Kreuz zu tragen", „seinen Becher zu leeren" und von ihm das Reich der Herrlichkeit zu empfangen. Diesen Ruf des Meisters auf wenige, bevorzugte Jünger zu beschränken, ist ein tiefer Irrtum, den man jahrhundertelang begangen hat. Die Kirchenväter sagen es mit Entschiedenheit: „Christus wendet sich an alle Menschen: Der Mönch und der Weltliche müssen zur gleichen Vollendung gelangen", schreibt u. a. Johannes Chrysostomos. Es gibt für alle nur eine einzige Spiritualität, und in den Forderungen wird kein Unterschied gemacht.

Der sichtbare und äußere Meister bleibt aber selbst für diesen Zusammenhang notwendig, ja unentbehrlich. Sein einziges Ziel ist es jedoch, im anderen den inneren Christus zu erwecken. Er soll ihm nicht nur nachleben, sondern sein Wesen annehmen und ihn „verinnerlichen"; es muß eine Umwandlung stattfinden, aus der der „neue Mensch" geboren wird, ein ganz christusgleiches Wesen. „Erwache, wo du schlafen wirst, erwache von den Toten, und Christus wird dich erleuchten." Diese ganze Thematik der alten Hymnen, der Evangelien und des Paulus wurde lange Zeit von den Kirchenvätern geprägt. Zu meiner Freude finde ich schon bei Origenes die ganze Bedeutung des INBILDs, das in Ihren Werken so wichtig ist: das Bild Christi in sich zu tragen, sich seine Gegenwart ein-zubilden, so daß Christus dann den Menschen zu seiner eigenen Wirklichkeit verwandelt. „Nicht ich lebe mehr, sondern Christus lebt in mir."

Aber noch etwas anderes erscheint mir von großer Bedeutung: Es sind nur wenige, die das Glück haben, einem wahren äußeren Meister zu begegnen, der ihnen den Weg zeigen kann. Auch darin ist die christliche Tradition sehr bestimmt: Der Meister, der uns führt, muß nicht unbedingt ein Mensch sein. Die meisten Heiligen hatten keinen solchen Meister! Denn für jemanden, der wahrhaft sucht, mangelt es nicht an Meistern. Das tägliche Leben beispielsweise ist ein Ort, so sagen die Kirchenväter, wo das Wort unaufhörlich zu uns spricht. Übrigens muß man sich mit „der Bibel, die Christus selbst ist", sehr vertraut machen. Man muß in sie eindringen und sich von ihr ernähren, ebenso von der Eucharistie, die der Gipfel der substantiellen Teilhabe an Christus und der Vereinigung mit ihm ist. Deshalb betrachten wir die ganze Liturgie als den großen Meister und den besten Lehrer des göttlichen Lebens. Dabei darf natürlich nicht das persönliche Gebet vergessen werden, das den Menschen bildet und formt, die Meditation oder die Oration, die alles reifen läßt und es dem „Geist selbst" möglich macht, „das Herz zu lehren" ... So viele Meister gibt es für einen aufrichtigen Schüler! Wir müssen „Theodidakten" werden, wie Clemens von Alexandria sagt ...

G. D.: Sicherlich kann für den wahren Schüler, der entschlossen ist, allen Hindernissen zum Trotz auf dem Weg fortzuschreiten und dem LEBEN zu dienen, das Leben selbst Meister und jede Alltagssituation eine Prüfung werden! Schon die Weise, wie er in seinem Leib ist, wie er sich bewegt, wie seine Haltung im gegenwärtigen Augenblick ist, alle Höhen und Tiefen seines Daseins, die Begegnungen, die er hat, die unvorhergesehenen Ereignisse im Leben und die Schicksalsschläge, die Banalitäten wie die großen Dinge – jeder Augenblick, jede Gelegenheit kann eine Möglichkeit für ihn sein, die Stimme des inneren Meisters zu hören oder seinen Blick auf sich gerichtet zu fühlen. Auch mahnt sie einen, sobald man stehen bleibt oder vom Weg abirrt, sie ermutigt und spornt einen an, sobald man zögert, den richtigen Weg einzuschlagen, oder wenn man Angst hat, einen Sprung nach vorne zu tun. In der rechten Haltung öffnet sich in uns bisweilen unerwartet ein Abgrund der Stille, die etwas ganz anderes ist als Augenblicke wohltätiger Ruhe, die uns bisweilen auch mitten in unserem gewöhnlichen Leben zuteil werden können. Diese Stille ist die Stimme des großen Meisters, der uns nach innen hin aufhorchen läßt.

Auch das Lesen der Heiligen Schrift kann nur in dem Maße fruchtbar sein, als das Wort aus dieser Stille heraus uns anhaucht und vernommen wird. Dann berührt uns die Stimme des

Heiligen Geistes, und in ihm allein sind wir wahrhaft Schüler des ewigen Meisters.

Wir sind heute in das Zeitalter der Entdeckung des in uns wohnenden Geistes auf dem Wege der Erfahrung gekommen, wenn auch noch die Mehrzahl unserer Zeitgenossen den Sinn des Lebens in einem weltlichen Glück suchen oder auch in einer Menschlichkeit, die noch nicht im Segen und in der Fruchtbarkeit einer Seinserfahrung steht. Die Heiligen Schriften öffnen sich dem menschlichen Geist nicht, solange er noch nicht vom Hauch des Seins berührt und durchdrungen ist. Gültige Exegese setzt Gotteserfahrung voraus, Gelehrsamkeit allein bringt die Wahrheit nicht zutage. Ein lebendiger Glaube läßt den Glaubenden auf das Geheimnis horchen, das aus seinem Inneren zu ihm spricht und öffnet ihn immer mehr für die in ihm lebendige Wahrheit Christi. – Der Mensch bedarf besonderer Antennen, die ihn befähigen, das Wort zu hören, das ihn aus allem, was in ihm und um ihn ist, anspricht. Er erfährt die Gegenwart Christi als die seines ewigen Meisters. Dann kann auch die Forderung, die Welt unter einem anderen Aspekt zu sehen und den anderen Menschen in seinem Wesen wahrzunehmen, erfüllt werden.

Das erfordert jedoch eine unermüdliche Arbeit an sich selbst, darüber zu wachen, den goldenen Faden zum eigenen Wesen nicht loszulassen, in Fühlung mit ihm zu bleiben und die Treue des Zeugen zu halten. Die Erfahrung des Göttlichen ist aber niemals das Ergebnis willentlicher Bemühung, sondern ist immer das Geschenk einer Gnade, die nicht vom Himmel fällt, sondern eine Äußerung ist der uns eingeborenen Gnade: Das ist unser Wesen!

Hier finden wir das dritte Element der untrennbaren Dreiheit Meister-Schüler-Weg. Der Weg wird Wirklichkeit erst, wenn der Schüler alles verlassen und die beiden Stufen seines Menschseins überschritten hat: die Stufe, auf der alles um sein Ego kreist, den Egozentrismus, und die Stufe, auf der er sich über seinen Egozentrismus hinaus um das Werk in der Welt bemüht, aber das innere Werk, das er an sich selbst zu verrichten hat, noch nicht aufgenommen hat. Danach erst kann er auf die dritte Stufe gelangen, in deren Zentrum die Verwandlung des Menschen steht, die Verwandlung zur Person, zum Zeugen des uns innewohnenden Überweltlichen in der Welt. Nichts anderes als diese Person ist die Frucht des Reifens. Von diesem Augenblick an verliert das Leben in der Welt seine Eigenwertigkeit, und alles Tun, alles Leisten und Lieben in der Welt gewinnt seinen neuen Sinn als Vorbereitung zum WEG, d.h. als Arbeit an den Bedingungen, unter denen seelisch und leiblich das Wesen personale Gestalt gewinnen kann. Der Weg erfüllt sich in den zwei Grundhaltungen: der des Los-Lassens all dessen, was ihm widerspricht, und des Zu-Lassens dessen, was ihn zur verwandelnden Wirklichkeit macht. Anders gesagt: das Loslassen all dessen, was der Manifestation des Wesens widerspricht und das Zulassen dessen, worin sie sich andeutet, angefangen vom Ernstnehmen der Augenblicke, die vom Hauch des Numinosen beseelt sind. So kann der Mensch endlich selbst der Weg werden, auf dem das Überweltliche in die Welt tritt. Er hat die große Transparenz für die ihm immanente Transzendenz gefunden. Er ist wahrhaft zur überpersönlichen Person geworden. Dann ist der WEG zum Leben des Menschen geworden, der seiner Wesenswahrheit entspricht. Und das Wort Christi: „Ich bin der Weg, die Wahrheit und das Leben" gilt für jeden Menschen, der seinem Inbild gemäß zu der in ihm angelegten Gestalt heranreift.

A. G.: Wenn wir uns bewußt werden, daß wir „von jeher erleuchtet" sind, wie gewisse japanische Meister sagen, oder daß „das Reich Gottes schon in uns ist" und daß nach der christlichen Tradition „wir von diesem Augenblick an auferstanden sind", kann das eine große Gelöstheit, Vertrauen und Freude bei den Suchenden bewirken. Im Grunde müssen wir weder etwas suchen, noch darauf warten, sondern uns finden und ergreifen lassen ...

Christus ist „der Anfang und das Ende, Alpha und Omega", in Ihm und mit Ihm sind wir zugleich auf dem Weg und an seinem Ziel. Er ist ein Leben, das sich nie wiederholt, und eine immer neue und strahlende Wahrheit, die uns in eine unaufhörliche Bewegung der Verwandlung taucht ...

G. D.: Der WEG verläuft nicht geradlinig zur Höhe, sondern in Form einer Spirale, einer geneigten Spirale, deren Kreise ins Dunkel tauchen und sich wieder zum Licht erheben. Bei jeder Umkreisung wird es heller. Unaufhörliche Bewegung führt uns von der Peripherie zum Zentrum und vom Zentrum zur Peripherie, von der Oberfläche des Lebens zur Tiefe des Kerns, und von dort befruchtet wieder zur Oberfläche. Wir fühlen uns unaufhörlich zur Mitte hingezogen, von ihr gerufen, dann wieder nach außen und in die Weite getragen. Es ist die Atembewegung des göttlichen Hauchs, der in uns lebt und uns mit seinem immerwährenden Gehen und Kommen ergreift und durchdringt von den äußersten Schichten bis in die tiefsten Schichten, und von den tiefsten Schichten wieder nach außen. Er macht zugleich das Menschliche göttlich und das Göttliche menschlich.

Aber diese unaufhörliche Bewegung öffnet uns auch die Türen zum Mitmenschen und zum Kosmos. Von unserer Mitte aus begegnen wir allem, was uns umgibt – Menschen, Gegenstände und der Natur – von ihrer Peripherie bis in ihr Innerstes. Das Sein, das in uns ist, erkennt das Sein im anderen. Geheimnisvolle Beziehungen im Unsichtbaren werden sichtbar in dem sie verbergenden Sichtbaren. Alles Sichtbare spiegelt in seinem unsichtbaren Wesen unser Wesen wider – das geheimnisvolle Band, das uns von Wesen zu Wesen verbindet.

So erfüllt sich der WEG. Und ist der Mensch schließlich eins mit ihm geworden, der Schüler selbst zu dem sich in ihm darlebenden Weg, so ist er selbst zum Meister geworden.

XI.

„Ich will mich mit Dir verloben in Ewigkeit"

Hosea 2, 19

Graf Dürckheim: Unter den großen Meistern, denen wir auf dem Weg unseres Daseins begegnen können, ist die Liebe vielleicht der größte. Sie ist der stärkste Gegner unseres hochmütigen Welt-Ichs, ist Loslassen und Hingabe schlechthin, das fruchtbarste Feld für die Erfahrung des Seins. In der Liebe wird das Numinose in einer Tiefe empfunden, die die Ganzheit der Person berührt. Lieben heißt vor allem die Einheit fühlen.

Das Leben ist voller kleiner Augenblicke, in denen wir eins werden mit diesem und jenem: mit Ding, Pflanze, Tier und Mensch, bisweilen auch mit Gott. Es gibt so viele Gelegenheiten, in denen wir uns einer Berührung mit dem Sein bewußt werden können. Auch wenn etwas, das uns lieb ist, nicht da ist, oder wir von jemandem, mit dem wir verbunden sind, getrennt sind; wenn wir einen unerfüllten Wunsch, zu lieben oder geliebt zu werden, haben oder einsam sind – im Grund immer, wenn eine Sehnsucht uns quält und unsere Liebe daran hindert auszustrahlen, leiden wir unter einem ontologischen Elend, können aber gerade da vom Göttlichen angerührt werden.

Ihr volles Maß kann die Liebe nur in der Begegnung zwischen zwei Menschen annehmen. Die wahre Begegnung zwischen zwei Menschen ist selten, aber sie geschieht, wenn beide sich durch den Panzer ihres wesensfernen Ichs hindurch dem Wesen öffnen. Dann kann in der Vereinigung etwas Besonders geschehen: eine Selbstbegegnung des sie verbindenden Wesens.

Alphonse Goettmann: Aber auch hier muß man wieder die Wandlung durchmachen. Meistens sehe ich den anderen unter dem schmerzhaften Gewicht seines Welt-Ichs: belastet mit seiner Geschichte, in seine Beziehungen verstrickt, sehe seine Vorzüge und Fehler und vor allem seine soziale Rolle, mit der ihn zu identifizieren ich so leicht Gefahr laufe ... In dem Maß, in dem mein eigener Weg eine Verwandlung ist, ein Passah vom Außen zum Innen, kann ich dem anderen auf dem gleichen Weg begegnen, in seinem Passah, und anstatt das zu verurteilen, was ich von außen sehe, helfe ich ihm, zu seiner eigenen Wirklichkeit zu finden.

Unser Leben ist von solchen Begegnungen geprägt; sie sind selten, aber ihnen verdanken wir alles! Nicht umsonst war Jesus so streng gegen jene, die Urteile fällen und die anderen beschränken, statt ihnen zu ihren eigenen Möglichkeiten der Verwandlung und des Über-sich-selbst-Hinauswachsens zu verhelfen. Er hat uns gelehrt, in die Tiefe zu schauen, mit einem Blick, der die Herzen verändert ... In den Evangelien ist oft davon die Rede.

G. D.: Die wahre Liebe mit der Möglichkeit zur größten Tiefe finden wir dort, wo zwei Menschen sich auf dem Weg ihrer Suche nach dem Sein finden und einer für den anderen Weggefährte wird. Ihre Begegnung wird der Weg ihrer gegenseitigen Vervollkommnung, wenn man im Herzen des anderen den Gleichklang des eigenen Seins vernimmt oder, im Gegenteil, seinen Widerstand gegen jedes Stehenbleiben in seiner ganzen Kraft erkennt. Nirgends so wie in der Vereinigung von Wesen zu Wesen kann man diesen Schauder erleben. Die sexuelle Vereinigung von Mann und Frau kann dabei ein Gipfel dieser Vermählung sein. Dann hat die das kleine Ich überwältigende Ekstase überweltliche Qualität. Die Liebenden können im körperlichen Vollzug ihrer Liebe in jene Wirklichkeit gehoben werden, die jenseits aller Zweiheit ist, das Nicht-Zwei des überweltlichen Seins erfahren. Ist die Haltung der Liebenden in der sexuellen Vereinigung wesensgemäß, dann lassen beide ihr Ich völlig los. Wenn sie den in der Vereinigung hörbaren Ruf des Seins vernehmen, dann verschlingt die Welle des großen LEBENS ihr kleinmenschliches Ich. Im Ineinanderfließen schwindet das Bewußtsein, und das Ende des Ichs kann dann das überwältigende Auftauchen des beide verbindenden WESENS bedeuten. Der Ekstase kann dann jener Augenblick tiefen Friedens und erfüllter Stille folgen, in dem das überweltliche Sein zum Menschen spricht.

A. G.: Es wird noch lange dauern, bis mehr Menschen das so sehen können; es ist eine zutiefst biblische Sicht. Die sexuelle Liebe ist weder eine Vereinigung von Organen, noch eine Begattung zweier undurchlässiger Körper. „Wißt ihr nicht, daß eure Leiber Glieder Christi sind?“ ruft der heilige Paulus. Wenn ein Mann sich mit seiner Frau vereinigt, „ist er ein Fleisch mit ihr“, und das ist das Fleisch Christi.

Es gab die Profanierung der ehelichen Liebe schon immer; sie hat sich aber auch in der Kirche immer mehr verbreitet, als diese vor allem im Westen die Innerlichkeit und ihre kontemplative Dimension verlor. So verfiel man in die verbreiteten gedanklichen Trennungen, die Kategorien vom Gegensatz zwischen Physischem und Geistigem zwischen Leib und Seele, und man betrachtete den sexuellen Akt ausschließlich als einen abgetrennten Bereich, der zwiespältig und verdächtig war. Nur jemand, der von der kontemplativen Erfahrung lebt, kann verstehen, daß die sexuelle Liebe eine kontemplative Annäherung erfordert, die nicht isoliert ist, sondern auf alle menschlichen Aktivitäten ausstrahlt und eine neue Aufmerksamkeit für die Welt verleiht. Die Vereinigung zweier Wesen durch den Leib ist eine Kommunion mit der ganzen Natur und dem Kosmos, der unser Leib im Großen ist. So wird das Äußere für uns zum Inneren.

G. D.: Die Tiefe der sexuellen Erfahrung hängt ab von der Haltung derer, die sie durchleben. Es gibt auch die animalische Wollust, die den Menschen überwältigt. In ihr bricht das Tier im Menschen durch, und man tut gut daran, sie nicht zu moralisieren. Wo der Mensch sich ihrer bewußt wird, kann es ihn zur Besinnung bringen. Der wahren Einswerdung steht aber auch die Unfähigkeit zur totalen Hingabe im Wege. Wenn aber beide bereit sind, im anderen aufzugehen ohne Angst vor der völligen Hingabe, kann sie der kosmische Schwindel ergreifen, die Zweiheit der Körper geht unter im Einswerden mit dem „Du“. Wo die Liebe eine Weise des Weges ist, führt jede Vereinigung die Liebenden in eine höhere Freiheit. Jeder wahrhaft liebende Umgang empfängt seinen Sinn vom anderen her. In einer wahrhaft glücklichen Verbindung zweier Menschen leuchtet das Sein in seiner Dreieinheit auf: als Fülle einer überweltlichen Kraft, als das Licht eines lebendigen Sinnes und in der Einswerdung als die allverbindende Einheit.

A. G.: Auch wenn wir vielleicht für verrückt angesehen werden – aber dieses Risiko sind Sie ja mit der Bibel und den Kirchenvätern eingegangen – wir könnten sagen, daß die eheliche Gemeinschaft eine „Theophanie“ werden kann, das Hochzeitszimmer eines Bundes Gottes mit dem Menschen, ein lebendes Bild der Dreieinigkeit. „Die Liebe ist ein feuriges Fieber, die Flamme des Herrn“, heißt es im Hohenlied. In jeder Begegnung finden die Gatten den Gott der Liebe im Geliebten wieder. Für Johannes Chrysostomos ist „die eheliche Liebe die stärkste Liebe“, weil sie „nicht mehr als irdisch erscheint, sondern wie ein Bild Gottes“. Der Mensch ist als Mann und Frau geschaffen worden, ihr Dasein ist eine „Ko-Existenz“, die Bewegung des einen zum anderen hin, damit beide eins werden ohne Vermischung, ohne Trennung. Sie sind zwei Personen in einem Wesen und werden immer wieder von einem Dritten geboren: der Göttlichen Liebe, dem Bild der Dreieinigkeit. Aber indem sie einen paradiesischen Zustand wiedererlangt, ist die Hochzeit zugleich eine Prophetie des kommenden Reiches Gottes. Sie bauen das „Haus Gottes“, wie Clemens von Alexandria sagt, und stellen schon jetzt das Geheimnis der Kirche dar, ein „kirchliches Haus“, in dem das Wunder von Kana sich fortsetzt: Wasser wird in Wein verwandelt, die Welt in ihre wahre Wirklichkeit, „alle Dinge werden neu“, die Freude der Gatten ist unaussprechlich, und sie hören die Stimme des Bräutigams, der zu Ehren ihrer Vermählung gegenwärtig ist.

Die Ehe ist keine „biologische Notwendigkeit“ und kein „Heilmittel der Wollust“, sondern sie erfordert, wenn sie ein spiritueller Weg sein will, auch einen harten Kampf und eine Askese, die der der Mönche in nichts nachsteht! Im orthodoxen Ritus werden die Neuvermählten nach der Feier des Sakraments gekrönt. Es ist gewiß auch eine „Ehrenkrone“, aber zugleich auch die Dornenkrone ihres Herrn und der Märtyrer. Ohne Kreuz gibt es keine Liebe; immer droht man das Ziel aus den Augen zu verlieren, die Gewohnheit kann das Geheimnis trüben, und „nichts widersteht den melancholischen Krallen der Zeit“, wie der Dichter sagt.

Wenn der ewige Meister in der Liebe sein unvergängliches Gesicht zeigt, kann man dann nicht auch im Vergehen der Zeit, im Altern und im Tod einen Meister auf unserem Weg erkennen?

G. D.: Viele würden die Zeit gern zum Stillstand bringen, „immer jung bleiben". Aber „Gottes Sein ist unser Werden", sagt Meister Eckehart. Das göttliche Sein zeigt sich uns nur, wenn wir Werdende bleiben und unsere menschliche Berufung im nie endenden Weiterwerden erfüllen. Das Alter muß nicht nur das Ende des bisherigen Lebens bedeuten, sondern den Anfang eines neuen, aufgrund fortschreitender Einswerdung mit dem uns immanenten göttlichen Wesen. „Ja" zum Alter sagen heißt, zur Fülle der Reife gelangen, dem Gegenteil also einer traurigen und schmerzhaften Resignation oder eines düsteren Wartens auf den Tod. Das setzt voraus, daß man Wurzeln geschlagen hat in einer Wirklichkeit, die jenseits der Gegensätze von „jung und alt" ist, und daß man ihre gesegnete Gegenwart gerade durch Vergehen und Neuwerden hindurch erlebt.

Der alte Mensch ist am stärksten vom dreifachen Leiden des Menschen betroffen: Angst, Verzweiflung und Einsamkeit. Seine Lebenskraft verläßt ihn physisch und geistig; sein Leben scheint, wo er nichts mehr leisten kann, keinen Sinn mehr zu haben, und endlich ist der Mensch am Ende seines Lebens oft einsam. Ist er aber wirklich eins geworden mit dem WEG, ahnt er, eben wenn er diese drei Nöte annimmt, daß ihn die Morgenröte eines neuen Lebens erwartet, und daß ein Schwinden seiner natürlichen Kräfte in Wirklichkeit die Entfaltung seiner übernatürlichen Kräfte und die Vollendung seines Daseins ermöglicht. Wo er sich aber dem Altwerden widersetzt und seine Zeichen zu verbergen sucht, verschließt er sich dem Geschenk, das das Ende seines diesseitigen Lebens ihm bringen möchte: die ihm noch mögliche Erfahrung der endgültigen Einswerdung mit dem überweltlichen Leben im Sterben.

Der auf dem initiatischen Weg Gereifte, d. h. wahrhaft durchlässig Gewordene erfährt das Sterben nicht als schmerzliches Ende, sondern als beseligenden Anfang eines neuen Lebens. C. G. Jung,der große Psychologe, murmelte im Sterben immer wieder nur das eine Wort: „How wonderful, how wonderful." Und immer wieder kann das Gesicht eines Sterbenden, wo sein Ich endlich nachgibt und sich dreingibt, und alle Widerstände schwinden, Zeugnis der großen Verwandlung sein. Ist der Mensch im medizinischen Sinn tot, ist er noch nicht notwendig eine Leiche. Wir können Zeuge eines wundersamen Vorganges sein: Es ist, als ergriffe das Wesen jetzt die Gelegenheit, auf dem noch nicht erstarrten Gesicht jene Verwandlung hervorzubringen, die man die „Verklärung des Antlitzes“ nennt. Sie hält mehr oder weniger lange an, einen Tag oder zwei, und dann erst, wenn sie schwindet, setzt die Leichenstarre ein, und nun ist der Mensch wirklich nicht mehr da.

Der Mensch, dem es vergönnt ist, ohne Widerstand hinüberzugehen, alles loszulassen und ja zu sagen zu dem, was ihm nun widerfährt, unterschied sich gewiß auch schon in seinem Alter von anderen, die den inneren Weg verfehlten und auch als alte Menschen noch keine Verbindung mit ihrem Wesen hatten. Wo die Transparenz zur Transzendenz fortschreitend Wirklichkeit wird, ist auch der alte Mensch keine Last, sondern ein Segen für die Seinen. Es kann dann das Strahlen wie von einer geheimnisvollen Jugend von ihm ausgehen, die Quelle einer Kraft ist, die nichts mehr mit alt oder jung, mit gesund oder krank zu tun hat.

A. G.: Diese Jugend liegt immer vor uns, es sind nicht die „süßen siebzehn“, denen man nachtrauert; es ist das Alterslose in uns, vielleicht ist es Gott selbst, die ewige Jugend ...

G. D.: Dieser Mensch hat auch die Weisheit des Alters. Er schaut nicht elegisch zurück, beschwert sich auch nicht über das Nachlassen seiner Kräfte, betrachtet sein jetziges Leben nicht als sinnlos, liebt das Alleinsein, klagt auch nicht über Einsamkeit. Seine Strahlung läßt die Kraft eines größeren Lebens spüren, seine Weisheit das Licht einer Sinnfülle, die jenseits ist allen Widersinnes der Welt, und seine Güte erfüllt seinen Lebensraum, ohne daß er zu handeln braucht. Er ist den initiatischen Weg zu Ende gegangen und erfährt, wie die, die um ihn sind, das Geschenk seiner Reife.

A. G.: Die westliche Zivilisation hat dafür keinEmpfinden und sieht keinen Vorteil darin – der Mensch ist ein Produktionstier und wird, wenn er nicht mehr rentabel ist, beiseite geschoben. Auf die ewige Frage Tolstois: „Wovon lebt der Mensch?“ antwortet das System an seiner Stelle: „Von der Arbeit, der Mechanisierung, der Ideologie.“ Und wenn ihm noch ein wenig freie Zeit bleibt, in der der beständige Ewigkeitsdurst spürbar wird, befriedigt ihn die Konsumgesellschaft mit ihren „kleinen Ewigkeiten des Vergnügens“.

G. D.: In Japan gibt es den Satz: „Ein verbitterter Alter ist eine lächerliche Figur" (d. h. er hat *nichts* begriffen). Und wenn man die Menschen dort fragt: „Was sind die größten Schätze eurer Kultur?", dann kommt die für uns überraschende Antwort: „Das sind unsere gereiften Alten!" Welcher Mensch unserer westlichen Zivilisation käme auf diese Antwort?

A. G.: Auch bei uns wird einmal die Zeit kommen, in der man die Alten nicht mehr in das Nichts der Heime verbannen wird – vielleicht ... Heute sind sie noch unsere „Achillesferse", die verwundbare Stelle unserer Menschheit, an der der Tod unaufhörlich nagt und nichts als Schrecken verbreitet. Das Schreckgespenst des Todes ist das neue Tabu der modernen Gesellschaft geworden. Sobald es auftaucht, versucht man es so schnell wie möglich loszuwerden, nachdem man es geschminkt und mit Blumen bedeckt hat, um sein fahles Gesicht nicht sehen zu müssen. Der Tod geht uns nichts an, meint man mit den Epikuräern: „Solange wir leben, ist er nicht da; und wenn wir tot sind, sind wir nicht mehr da!"

G. D.: Der initiatische Mensch, der das Geheimnis seiner möglichen Verwandlung mit sich trägt, hat immer gegenwärtig, daß sein kleines im Ich zentriertes Leben dem Tod geweiht ist, daß also der Tod ihn immer begleitet, aber nicht als Feind, sondern als Bruder, der ihm einmal das Tor in ein neues Leben öffnen wird.

Für den, der nicht zur Reife des initiatischen Menschen gelangt ist, stellt sich die Frage, ob die Angst vor dem Tode wirklich die Angst vor dem Ende ist oder vor dem, was danach kommt, die Angst vor etwas Ungeheurem, das einen erwartet: die Angst vor der Hölle oder aber vor dem Licht eines überwältigenden anderen Lebens. Was auch immer die Angst sein mag – ein Mensch, der den initiatischen Weg zu Ende geht, entwickelt in seinem Inneren vor allem das durch nichts zu erschütternde Urvertrauen, das über dieses Leben hinausreicht. Die Frage, was dann kommt, findet nur eine Antwort: auch im Hinübergehen auf dem Wege zu bleiben. Es bewährt sich die Definition wahren Glaubens: „Sprung ins Unbekannte, ohne Rest, voller Vertrauen."

Von außen betrachtet ist der physische Tod ein Ende, von innen gesehen ein Anfang. Er verlangt das große Lassen, mit ihm aber eine Bereitschaft zum Empfangen des Unbekannten, das für den, der aufgrund seiner Seinserfahrung gläubig geworden ist, nur ein größeres Leben sein kann.

Dies kann für den Schüler auf dem Weg in jeder Meditation vorbereitet werden und verbindet so Anfang und Ende. Wann immer auf dem Weg – sei es in einer besonderen Übung oder auf dem zur Übung gewordenen Alltag – das kleine Ich ein wenig mehr stirbt, kommt der Mensch seinem Wesen näher. Nur daraus kann sich das Welt-Ich entwickeln, das nicht mehr nur von dieser Welt und für diese Welt ist, sondern *in* dieser Welt Zeuge wird von dem in seiner Tiefe lebendig gewordenen Christus.

A. G.: In dieser Hinsicht sind die Christen des Westens ziemlich heidnisch geworden ... Nach dem großen Ereignis der Auferstehung Christi gab es die Tragik des Todes nicht mehr. Man sprach nicht mehr vom „Todestag", sondern vom „Tag der Geburt", dem „dies natalis", und die Märtyrer betraten singend die Arenen ... Von dieser Zeit an gründete sich die Kirche auf das Osterereignis, die Auferstehung hatte nicht nur die Herzen der Menschen eingenommen, sondern den ganzen Kosmos, sie lebte in der Geschichte der Menschheit, um allem und allen vom göttlichen Leben der Dreieinigkeit zu künden. Schon die Taufe hatte diese wunderbare Verwandlung eingeleitet, und der Tod vollendete sie nun als das große Hinübergehen zur letzten Metamorphose ...

Wir versuchen heute, an diese Tradition anzuknüpfen. Die Erfahrung des gestorbenen und auferstandenen Christus erleben wir Christen auf dem Weg des liturgischen Jahres und in der kirchlichen Gemeinschaft. Durch den Sieg über den Tod und das Hervorbrechen des Lebens ist Ostern für uns das Fest der Feste geworden, eine strahlende Freude, die man dem, der sie nicht erlebt hat, nicht beschreiben kann; Christus, unser Leben, ist gegenwärtig, fühlbar und wirklich, Zeuge dafür, daß wir nicht sterben! Dieses Fest aber und diese Freude erleben wir in jeder Eucharistie wieder und schließlich sogar in jeder Meditation ... „O Tod, wo ist dein Stachel?"

G. D.: Auch im Tode erscheint das große LEBEN am Werk. Er ist nicht der Feind, den wir beschwören müssen, sondern der

Bruder, der uns über die Schwelle zur endgültigen Einswerdung mit unserer Urheimat führt, die wir im Grunde nie verlassen haben.

Die Voraussetzung aber des Großen WEGES vom Anfang bis zum Ende ist die Grunderfahrung des Großen LEBENS, des göttlichen Seins in uns, die der lebendigen Religiosität aller großen Religionen zugrundeliegt.

Nachwort

Dieses Buch wurde in Rütte geboren, einem kleinen Dorf in den bewaldeten Hügeln des Schwarzwaldes. Eine große Stille liegt über dieser Landschaft mit ihren weiten grünen Auen, den dunklen Wäldern und klaren Bächen. Hier atmet man einen Frieden und eine Stille, eine Atmosphäre des Geheimnisvollen und Unendlichen, die bald die alte große Frage nach dem Sinn der Dinge und der Existenz in uns aufsteigen lassen ... In dieser Umgebung lebt jener Mann, der sein Leben der Beantwortung der ewigen Frage des Menschen, „Wer bin ich?“, gewidmet hat: Karlfried Graf Dürckheim.

Ich kenne Graf Dürckheim schon seit vielen Jahren, und das hier vorliegende Buch ist der Ausdruck eines langsamen Reifungsprozesses und einer tiefen Erfahrung, die wir beide mit anderen teilen möchten. In meinem Leben gibt es ein „vor“ und ein „nach Dürckheim“. In das katholische Glaubensbekenntnis hineingeboren, habe ich in der katholischen Kirche lange Zeit mein wahres Gesicht als Mensch und Christ gesucht ... doch ohne es zu finden. Ich habe mich mit Leib und Seele in das Gebet, in das tätige Wirken, in die Politik gestürzt, doch ich fand es nicht. Wie der Psalmist habe ich dem Herrn meine Verzweiflung entgegengeschrien. In dieser Situation traf ich Graf Drückheim. Diese Begegnung war wie eine Explosion für mich ... eine innere Umkehr. Ich stürzte von meinem Roß wie Paulus auf dem Weg nach Damaskus, und die Schuppen fielen von meinen Augen. Graf Drückheim wurde für mich „der“ Meister, der es mir ermöglichte, den einzigen wahren Meister, Jesus Christus, zu entdecken.

In der Auseinandersetzung mit Graf Drückheim und seiner Lehre wurde mir klar, daß ich im Außen suchte, was ich doch in meinem tiefsten Inneren trug. Ich hatte ja tatsächlich etwas gefunden ... aber es war zu intellektuell! Alles war da, doch in der Form von Bestandsaufnahmen, Prüfungsfragen und Strategien. Ich stand vor einer verriegelten Tür. Graf Dürckheim jedoch war der Schlüssel, der mir die Tür zur Erfahrung aufschloß. Aus meinem bloßen „Wissen" wurde Leben, die Intelligenz stieg ins „Herz" hinab. Das Wort wurde in mir lebendig in jener großen belebenden Bewegung des Geistes, der Bewegung hin zu der einzigen Quelle allen Lebens, die der Vater ist. Hier fand ich in der Erfahrung die göttliche Dreieinigkeit, zu der ich mich gedanklich schon seit so vielen Jahren bekannt hatte. Von jenem Moment an stand die Tür weit offen ... Sie führte in einen Raum, in dem mein ganzes künftiges Leben völlig umgewandelt werden sollte. Dieser Prozeß beinhaltete ein Verständnis der Bibel und der Tradition, das sich radikal von meinem vorherigen Verständnis unterschied, und eine sich daraus ergebende Wiederentdeckung der Kirchenväter, die mich schließlich immer weiter an die Wurzeln der Orthodoxie führte. Nach der Begegnung mit meiner späteren Frau Rachel führte unser Weg uns dazu, das Sakrament der Liebe und das Priesteramt im Schoß der orthodoxen Kirche von Frankreich zu suchen. Und dort entdecken wir immer wieder mit Erstaunen, daß die grundlegende Intuition von Graf Dürckheim im Grunde eins ist mit dem Kern der Aussage der Bibel, und daß sie sich in der Kirche durch das kontemplative Gebet, die mystsiche Theologie, die heilige Liturgie und das Leben in der Gemeinde vertiefen läßt ...

Doch kann man das „Licht unter den Scheffel stellen"? Unter dem Eindruck einer solchen Erfahrung ist das unmöglich! So gehörte zu den ersten Früchten dieser Erfahrung die Gründung eines Meditationszentrums in den Vogesen, das auf den Lehren von Graf Dürckheim aufbaute. Hier keimte in Erfahrungen und Begegnungen der Wunsch, den von Graf Dürckheim an die heutige Menschheit gerichteten Appell noch über dieses Zentrum hinauszutragen. So kam es zu diesem Dialog ...

Eines schönen Junitages machte ich mich mit meiner Frau auf den Weg nach Rütte. Der alte Weise erwartete uns dort ... welch ein Geschenk! Welche Freude, mit ihm für Stunden und Tage im Dialog stehen zu können. In seinem Arbeitszimmer fanden wir die Atmosphäre des Geheimnisvollen und der Stille wieder, die uns schon bei der Ankunft in dem kleinen Schwarzwalddorf erfaßt hatte. Doch wie soll man Graf Dürckheim beschreiben?

Können Worte seine außerordentliche, jugendliche Kraft vermitteln, die kein Alter kennt, können sie sein feuriges Temperament beschreiben und seinen Blick, der zugleich voller Wärme ist und einen bis auf die Knochen durchdringt, sein umwerfendes Lächeln, das sein ganzes Gesicht erhellt, seine abwechselnd melodiöse und leidenschaftliche Stimme, sein plötzlich hervorbrechendes Lachen und seinen Humor? ... Kein Text kann jemals das Wesentliche dieser Begegnung vermitteln!

Vielen Dank, Graf Dürckheim, für den unsagbaren Reichtum, den Sie uns vermittelt haben.

Alphonse Goettmann

Personen- und Sachregister

Wo unsere Zukunft heller wird

Die Herderbücherei nach dem 1000. Band

In jeder Serie ist Band 1000 ein Signal. Am Vorabend des Dritten Reiches schrieb z. B. Karl Jaspers für die Nummer 1000 der Sammlung Göschen seine berühmte Zeitanalyse. Die Redaktion der Herderbücherei stellt *ihren* Jubiläumsband unter eine Frage, die heute viele Menschen bewegt: „Wer wird das Antlitz der Erde erneuern?"

Verdruß und Langeweile, Resignation und Ratlosigkeit, die heute allenthalben herrschen, machen es nicht wünschenswert, daß unsere Zukunft eine Hochrechnung unserer Gegenwart wäre. Entscheidendes muß sich ändern, wenn unsere Welt lebenswert bleiben soll. Doch die Hoffnung, daß dies auf *revolutionärem* Wege zu erreichen wäre, ist längst dahin. Bleibt also alles beim alten?

In dieser lähmenden Situation fordert Band 1000 der Herderbücherei dazu auf, verheißungsvolle Aufbrüche anderer Art nicht zu übersehen. Daß Natur verteidigt wird, daß Poesie wieder einen Markt hat oder daß das Verständnis für die Tiefenerfahrungen anderer Religionen wächst, sind nur die augenfälligsten Erscheinungen. Im einzelnen geschieht viel, was über den toten Punkt hinausführen könnte. Wir nehmen es nur nicht wahr, weil der Zeitgeist unseren Blickwinkel verengt hat. Es gilt also, Bewußtseinsgrenzen zu sprengen und neue Wirklichkeiten in den Blick zu nehmen, wenn wir wieder zuversichtlich werden wollen.

Band 1000 der Herderbücherei analysiert, wo sich, meist unterhalb unserer Wahrnehmungsschwelle, schöpferische Veränderungen vollziehen. Sein Untertitel „Von den Spuren des Geistes in unserer Zeit" könnte als Leitwort über dem gesamten Herderbücherei-Programm nach Band 1000 stehen. In vielen Bänden versucht die Taschenbuchredaktion auszumachen, wo Zeichen des Untergangs zu Zeichen des Übergangs werden. Bekannte Wissenschaftler äußern sich dazu in dem Herdertaschenbuch „Wo unsere Zukunft heller wird"

(Nr. 1021). Er wird herausgegeben von Ursula von Mangoldt, die in einem eigenen Band „Was birgt uns in der Gefahr?“ (Nr. 1051) ihre Erfahrungen an der Schwelle eines neuen Zeitalters beschreibt.

Veränderungen allenthalben. Auf dem Gebiet der Seelenforschung schildert Elisabeth Lukas, die Meisterschülerin von Viktor E. Frankl, den Weg „Von der Tiefen- zur Höhenpsychologie“ (Nr. 1020), den die Logotherapie eingeschlagen hat. Die 1982 begonnene Serie „Wegzeichen“ zieht die Folgerungen aus der wachsenden Abkehr vom bequemen Versorgungsdenken. Zum Umdenken fordern Tisa von der Schulenburg und Heinrich Böll auf in Erinnerung an die schlimmen Jahre der Nachkriegszeit: „Was ist aus uns geworden?“ (Nr. 1024). In der Tat sind an unsere Humanität neue Fragen gestellt. Das wird besonders deutlich in der Orientierungsstudie „Atomwaffen und Gewissen“ (Nr. 1043) oder in dem Dokumentarbericht „Die letzte Fahrt der Kap Anamur I“ (Nr. 1058), geschrieben von dem Initiator des Rettungskomitees Robert Neudeck.

Die Welt wieder vielschichtiger und geheimnisvoller zu sehen, darum geht es in einer anderen Programmsparte. So haben Sterne nicht nur einen Lauf, sondern auch eine Sprache, wie der Astronom Udo Becker schreibt („Was sagen uns Sterne?“ Nr. 1053). Haben wir einen 6. Sinn?, fragt der Jerusalemer Forscher H. C. Berendt in seiner „Einführung in die Telepathie“ (1022) und als Quintessenz einer langen Beschäftigung kommt der Marburger Theologe Ernst Benz zu der Feststellung, daß ein gründliches Gespräch zwischen „Parapsychologie und Religion“ (Nr. 1025) wichtige Ansatzpunkte liefern könnte für ein tieferes Verständnis der biblischen Bücher.

„Warum noch lesen?“ heißt der Titel des 53. INITIATIVE-Bandes, in dem Gerd-Klaus Kaltenbrunner und seine Mitarbeiter sich mit dem notwendigen Überfluß der Bücher beschäftigen. Angesichts dieses Programms läßt sich die aufgeworfene Frage leicht beantworten.